FRED SHEARS

Recherches sur les Prépositions dans la Prose du Moyen Français

(XIVᵉ ET XVᵉ SIÈCLES)

PARIS

LIBRAIRIE ANCIENNE HONORÉ CHAMPION

ÉDOUARD CHAMPION

5, QUAI MALAQUAIS, 5

1922

RECHERCHES SUR LES PRÉPOSITIONS

DANS LA PROSE DU MOYEN FRANÇAIS

(XIV° ET XV° SIÈCLES)

FRED SHEARS

Recherches sur les Prépositions dans la Prose du Moyen Français

(XIVᵉ ET XVᵉ SIÈCLES)

PARIS

LIBRAIRIE ANCIENNE HONORÉ CHAMPION

ÉDOUARD CHAMPION

5, QUAI MALAQUAIS, 5

1922

AVANT-PROPOS

M. Brunot a signalé dans une de ses conférences
l'insuffisance des travaux sur les prépositions en
français, et je me suis proposé d'aider à combler en
partie cette lacune. Cependant, plus j'avançais dans
ce travail plus je sentais combien une telle entre-
prise était téméraire de la part d'une personne dont
le français n'est pas la langue maternelle ; aujour-
d'hui j'espère seulement poser des questions aux-
quelles de plus compétents apporteront un jour des
solutions.

J'ai cherché spécialement à marquer sur ce point
l'évolution de la langue. J'ai donc comparé l'usage
du moyen français, d'une part avec celui de l'ancienne langue, d'autre part avec celui du français
moderne. On trouvera donc particulièrement étudié
ici : 1° Les prépositions nouvelles et les acceptions
nouvelles des prépositions anciennes qui sont appa-
rues aux xive et xve siècles ; 2° les prépositions anciennes ou celles de leurs acceptions qui ont disparu au
cours de la même période ; 3° toutes les prépositions
ou acceptions aujourd'hui disparues qui étaient alors
en usage. J'ai laissé de côté les acceptions du moyen

français qui se trouvent déjà dans l'ancienne langue et ont subsisté jusqu'à nos jours. Je n'ai discuté les questions d'étymologie que lorsqu'il s'agissait d'une locution créée au xive ou au xve siècle.

J'ai limité en principe mes recherches aux prosateurs de la période qui s'étend entre l'*Histoire de Saint Louis* de Joinville et les *Mémoires* de Commines ; j'ai dû, cependant, citer quelques exemples d'usages plus anciens et j'ai également cru bon d'étudier quelques pièces de théâtre en plus des textes en prose, pour ne pas fonder des conclusions historiques sur une étude de textes trop restreinte. A cette exception près, j'ai laissé de côté les œuvres poétiques. Il m'était impossible d'embrasser la production tout entière du moyen français, et il m'a paru qu'il y avait quelques avantages à m'attacher surtout aux œuvres en prose. La prose a pris en effet au xive et au xve siècle une place de plus en plus importante dans la littérature. Dès le xiiie siècle on la préféra souvent à la poésie, parce qu'elle permettait plus de précision. D'autre part, la poésie obligeait à des déformations, et, au point de vue de la présente étude, la forme poétique était plus traditionnelle, partant plus archaïque. La vie et l'évolution de la langue se sont manifestées plus facilement dans la prose, où apparaissent les innovations que nécessitèrent les traductions des œuvres des anciens et les précisions du langage juridique. Je ne pense pas d'ailleurs qu'une étude des textes poétiques m'eût permis d'apporter des modifications essentielles à mon exposé.

J'hésite à associer les noms de mes professeurs à un travail si imparfait; je voudrais cependant adresser à M. Brunot et à M. Mario Roques mes plus vifs remerciements pour les conseils bienveillants qu'ils m'ont constamment accordés. Je voudrais aussi présenter l'expression de ma reconnaissance à M. Victor Spiers de l'Université de Londres pour l'affection et l'intérêt qu'il m'a toujours témoignés depuis le commencement de ma carrière universitaire, et en particulier pour ses encouragements qui m'ont amené à reprendre mes études après plus de quatre années de guerre.

LISTE DES TEXTES ÉTUDIÉS

Joinv. — Joinville, *Histoire de saint Louis*, éd. Hachette. Paris, 1914 (1309).

Joyes (J.). — *Les Quinze Joyes de Mariage*, éd. Jannet. Paris, 1857 (vers 1450).

Joyes (H.). — *Les Quinze Joyes de Mariage*. Texte de l'édition princeps du xv⁰ siècle, éd. F. Heuckenkamp, Halle, 1901.

Langl. — *Nouvelles françaises du XV⁰ siècle*, éd. E. Langlois. Paris, 1908.

Maill. — *Les œuvres françaises d'Olivier Maillard*, éd. A. de la Borderie. Nantes, Soc. des Bibliophiles bretons, 1877 (fin xv⁰ siècle).

Mén. — *Le Ménagier de Paris*, éd. Pichon. Paris, 1846 (1393).

Mich. — *Chronique du Mont Saint-Michel*, éd. Siméon Luce. Paris. 1879 (2⁰ partie, 1448-1468).

Mod. — *Le Livre du roi Modus et de la reine Racio qui parle des deduiz et de pestilence*, éd. Blaze. Paris, 1839 (1ʳ⁰ moitié xiv⁰ siècle).

Mondev. — *La chirurgie de Maistre Henri de Mondeville*, éd. Bos. Paris, 1898 (1314).

Mons (W.). — Voir Waldmann M., ouvrages consultés.

Or. — Nicole Oresme. *Traictié de la première invention des Monnoies*, éd. Wolowski. Paris, 1864 (entre 1364 et 1373).

Prim. — *Chronique de Primat*, traduite par J. Du Vignay. Recueil des historiens des Gaules et de la France, t. XXIII.

Ps. — *Le Psaultier de Metz*, éd. F. Bonnardot. Paris, 1884 (1365).

Réc. — *Du Réconfort de Madame du Fresne*, dans *Antoine de la Salle*, J. Nève. Paris, 1903.

Sa. — *L'Hystoire et plaisante Cronicque du petit Jehan de Saintré*, éd. Guichard. Paris, 1843 (1459).

Sages. — *Les Sept Sages de Rome*, éd. Gaston Paris. Paris, 1876 (édit. de 1492).

Sar. — Jean Sarrazin, *Récit des Croisades*. Recueil des historiens occidentaux des Croisades, t. II, p. 568 (Contemporain de Joinville).

Sotties. — *Recueil général des Sotties*, t. I, éd. Picot. Paris, 1902.

Tr. — *Le Roman de Troïlus*, dans les *Nouvelles françaises en prose du XIV⁰ siècle* (fin xiv⁰ siècle).

Note. — Les citations de l'ancienne langue sont empruntées aux ouvrages suivants :

Bartsch. — *Chrestomathie de l'ancien français*, Bartsch et Wiese, 9⁰ édition. Leipzig, 1908.

Roland. — *La Chanson de Roland*, éd. Léon Gautier. Tours.

2. PAR ORDRE CHRONOLOGIQUE

(Les abréviations entre parenthèses renvoient à la liste
alphabétique.)

1249-1261.— Jean Sarrazin et son continuateur anonyme. *Récit des Croisades* (*Sar.*)

1307. — Hayton, *Fleur des Histoires d'Orient* (*Hay.*).

1309. — Joinville, *Histoire de saint Louis* (*Joinv.*).

1314. — *La Chirurgie de Maistre Henri de Mondeville* (*Mondev.*).

1307-1327. — *Foulques Fitz Warin* (*Foulq.*).

1317-1327. — *Asseneth*, traduction de Jean Du Vignay (*Ass.*).

— *Chronique de Primat*, traduite par Jean Du Vignay (*Prim.*).

1316-1339. — *Chronique parisienne* anonyme (*Chron.*).

Commencement xiv⁰ siècle. — *Le Livre du Roi Modus et de la Reine Racio* (*Mod.*).

1328-1350. — *Documents parisiens du règne de Philippe VI de Valois* (*Doc.*).

1364-1373.— Nicole Oresme, *Traictié de la première invention des Monnoies* (*Or.*).

1365. — *Le Psaultier de Metz* (*Ps.*).

Vers 1360. — *Les Vrayes Chroniques de Jehan le Bel* (*J. le B.*).

1373. — *Le livre du Chevalier de la Tour Landry* (*Chev.*).

1393. — *Le Ménagier de Paris* (*Mén.*).

Fin xiv⁰ siècle. — *Le Roman de Trotlus* (*Tr.*).

Fin xiv⁰ siècle. — Froissart, *Chroniques* (*Fr.*).

— *Comptes de l'Argenterie au XIV⁰ siècle* (*Comptes*).

1403. — Christine de Pisan, *Livre des faits et bonnes mœurs du roi Charles V* (*Ch.*).

Première moitié du xv⁰ siècle. — Alain Chartier, *Œuvres en prose* (*Chart.*).

Vers 1450. — Enguerrand de Monstrelet, *Chronique* (*Mons.*).

Vers 1450. — *Les Quinze Joyes de Mariage* (*Joyes*).

1459. — *L'hystoire et plaisante Cronicque du petit Jehan de Saintré* (*Sa.*).

— *Du Réconfort de Madame du Fresne* (*Réc.*).

1462. — *Les Cent Nouvelles Nouvelles* (*C. N. N.*)

1448-1468. — *Chronique du Mont Saint-Michel* (*Mich.*).

1492. — *Les Sept Sages de Rome* (*Sages*).

Fin du xv⁰ siècle. — Commines, *Mémoires* (*Com.*).

Fin du xv⁰ siècle. — *Les œuvres françaises d'Olivier Maillard* (*Maill.*).

— Langlois, *Nouvelles françaises du XV⁰ siècle* (*Langl.*).

— Fournier : *Le théâtre français avant la Renaissance* (*Fourn.*).

— Picot : *Recueil général des Sotties* (*Sotties*).

OUVRAGES CONSULTÉS

Ayer (C.). — *Grammaire comparée de la langue française.* Paris, 1882.

Boeddeker (K.).— *Ueber die formelle und begriffliche Entwicklung der französischen Praepositionen,* Herrigs Archiv, t. 45, 1869, p. 161-210.

Bode (H.). — *Syntakische Studien zu Eustache Deschamps.* Leipzig. 1900,

Bourciez (E.). — *De praepositione AD casuali in latinitate ævi merovingici.* Paris, 1886.

Bréal (M.). — *Essai de Sémantique.* Paris, 1897.

Brunot (F.). — *H. L : Histoire de la langue française,* t. I, II et III. Paris, 1913.

— *Précis :* ' *Précis de grammaire historique de la langue française.* Paris, 1899.

Bruesz (F.). — *Der Ausdruck des Konzessivverhältnisses im Mittel-und Neufranzösischen.* Diss. Göttingen, 1906.

Clairin (P.). — *Du génitif latin et de la préposition DE.* Paris, 1880.

Clédat (L.). — *Études de grammaire française : Les mots invariables, Revue de philologie française,* IX, 1895.

Do *et* Par *après les verbes passifs. Rev. de phil. fr.* XIV, 1900, p. 218.

Darmesteter (A.). — *Note sur l'histoire des prépositions* en, enz, dedans, dans, *Reliques,* t. II, p. 178.

— *Cours de grammaire historique,* t. IV. Paris, 1897.

Darmesteter et Hatzfeld. — *Le XVIe siècle en France.* Paris, 1878.

Dickhut (W.). — *Form und Gebrauch der Præpositionen in den ältesten französischen Sprachdenkmälern.* Münster, 1883.

Diez (F.). — *Grammaire des langues romanes,* t. III. Paris, 1876.

Ebeling (G.). — *Kritischer Jahresbericht ueber die Fortschritte der romanischen Philologie.* Leipzig, V. p. 303 (en *comparatif).*

Ebering (G.). — *Syntaktische Studien zu Froissart*. Diss. Halle, 1881.

Eder (H.). — *Syntaktische Studien zu Alain Chartiers Prosa.* (éd. Duchesne, Paris, 1617). Diss. Erlangen, 1889.

Foulet (L.). — *Petite syntaxe de l'ancien français*. Paris, 1919.

Gerdau (H.). — *Die französische Präposition* en. Diss. Göttingen, 1909.

Goelzer (H.). — *Etude lexicographique et grammaticale de la latinité de saint Jérôme*. Paris, 1884.

— *Le latin de saint Avit*. Paris, 1909.

Graefenberg (S.). — *Beiträge zur französischen Syntax des XVI. Jahrhunderts*. Diss. Göttingen, 1884.

Haase (A.) V. et J. — *Syntaktische Untersuchungen zu Villehardouin und Joinville*. Oppeln, 1884.

— *XVIIe siècle. Syntaxe française du XVIIe siècle*. Paris, 1898.

Horbach (A.). — *Die begriffliche Entwicklung des lateinischen* trans *und* ultra *auf romanischem speziell auf französischem Sprachgebiet*. Diss. Leipzig, 1902.

Huebner (H.). — *Syntaktische Studien ueber den bestimmten Artikel bei Eigennamen im Alt-und Neufranzösischen*. Kiel, 1892.

Huguet (E.). — *Etude sur la syntaxe de Rabelais*. Paris, 1894.

Johannsen (H.). — *Der Ausdruck des Concessivverhältnisses* Kiel, 1884.

Meyer-Luebke. — *Grammaire des langues romanes*. Paris, 1900, t. III.

Michael (F.). — *Ueber den Gebrauch der Präpositionen mit Ausschluss von* a, de, en, *im altfranzösichen Rolandsliede* Greifswald, 1904.

Meunier (F.). — *Essai sur la vie et les ouvrages de Nicole Oresme*. Paris, 1857.

Mueller (E.). — *Zur Syntax der Christine de Pisan*. Greifswald, 1886.

Nehry (H.). — *Ueber den Gebrauch des absoluten Casus Obliquus des altfranzösischen Substantifs*. Diss. Berlin, 1882.

Petit de Julleville. — *Histoire de la langue et de la littérature française*, t. II. Paris, 1896.

Raithel (G.). — *Ueber den Gebrauch und die begriffliche Entwicklung der altfranzösischen Präpositionen :* od, par, en, enz, dedenz, parmi, enmi. Berlin, 1875.

Reyelt (R.). — *Ueber den Gebrauch und die begriffliche Entwicklung der französischen Praepositionen* Vers, envers, devers, par devers, contre, encontre *und* à l'encontre de Gœttingen, 1908.

RENZENBRINCK (F.).— *Untersuchungen ueber die Entstehung und den syntaktischen Gebrauch der aus einem substantivierten Adjectivum, einem Pronomen und einer Verbform abzuleitenden französischen Präpositionen.* Diss. Gœttingen, 1908.

RIESE (J.). — *Recherches sur l'usage syntaxique de Froissart* Halle, 1880.

SCHLENNER (R.). — *Ueber den adnominalen Gebrauch der Präposition* de *im Altfranzösischen.* Halle, 1881.

SCHMIDT (J.). — *Syntaktische Studien ueber die Cent Nouvelles nouvelles.* Diss. Zurich, 1888.

STIMMING (A.).— *Die Syntax des Commines. Zeitschrift für romanische Philologie,* I, 1877.

TAPPOLET (E.). — *La préposition A. Bulletin du Glossaire des patois de la Suisse romande,* 1908, pp. 33-40.

TOBLER (A.). — *Vermischte Beiträge zur französischen Grammatik.* Erste Reihe, zweite Auflage, Leipzig, 1902. Zweite Reihe, Leipzig, 1894.

TOENNIES (P.). — *La syntaxe de Commines.* Diss. Berlin, 1876.

TRÉNEL (J.). — *L'Ancien Testament et la langue française du Moyen Age,* Paris, 1904.

VAUGELAS. — *Remarques sur la langue française,* éd. Chassang, Paris, 1880.

WALDMANN (M.). — *Bemerkungen zur Syntax Monstrelets* (éd. Douët d'Arcq. Paris, 1858). Wuerzburg, 1887.

WALDMANN (A.). — *Die begriffliche Entwicklung des lateinischen* super « supra » *im Französischen.* Diss. Leipzig, 1906.

WILSON (R. H.). — *The préposition A. The relation of its meaning studied in old French.* Baltimore, 1903.

WŒLFFLIN (G.). — *Lateinische und romanische Komparation,* Erlangen, 1879.

DICTIONNAIRES

Dict. gén.— *Dictionnaire général de la langue française.* Hatzfeld, Darmesteter et Thomas. Paris, 1890.

DU CANGE. — *Glossarium mediæ et infimæ latinitatis.* Niort, 1883.

GODEFROY. — *Dictionnaire de l'ancienne langue française.* Paris, 1881-1907.

LACURNE. — Lacurne de Sainte-Palaye. *Dictionnaire historique de l'ancien français.* Paris, 1877.

LAFAYE. — *Dictionnaire des synonymes de la langue française* Paris, 1858,

LITTRÉ. — *Dictionnaire de la langue française,* Paris, 1873.

INTRODUCTION

Le moyen français est la partie la moins connue
de l'histoire de la langue; les romanistes se sont
généralement arrêtés vers 1300 et ceux qui ont étudié la langue moderne sont rarement remontés plus
haut que la Renaissance. Cependant cet âge se carac-
térise par son « esprit actif, entreprenant, coura-
geux, » travaillant « énergiquement pour l'ave-
nir (1), » et s'il n'a rien produit de comparable aux
chefs-d'œuvre de la vieille langue ni à ceux du
xvi° siècle il n'en est pas moins d'une grande importance par tout ce qu'il a préparé ; il suffit de comparer une page de Joinville (1300) avec une page de
Froissart (1400) et une page de Commines (1500) pour
constater une évolution aussi continue et aussi rapide
qu'en n'importe quelle autre période de l'histoire du
français.

Parmi les influences qui contribuèrent à cette évolution, signalons d'abord celle des traducteurs qui,
sous la protection de Jean le Bon et de ses successeurs,
ont montré un si grand zèle à mettre en français les
œuvres de l'antiquité. D'après leurs propres témoi-

1. *Histoire Littéraire de la France*, t. XXIV, Introduction.

gnages (1) ces traducteurs ont trouvé la langue populaire bien pauvre en comparaison du latin, aussi ont-ils été obligés de l'enrichir et de l'élargir en y ajoutant de nombreuses expressions, qu'ils ont souvent dû expliquer en faisant précéder leurs livres d'une table des mots nouveaux (2). Et comme ils étaient d'ailleurs habitués à parler le latin et qu'ils n'écrivaient en principe que dans cette langue (3) leurs ouvrages abondent en tournures latines inconnues à l'ancienne syntaxe.

Les traductions de la Bible méritent une mention particulière, car les hébraïsmes qui se trouvent en nombre dans le français moderne ont été introduits pour la plupart sous l'influence de la littérature biblique (4).

Enfin l'organisation du Parlement sous le règne de Philippe le Bel a créé une nouvelle classe de gens de loi et d'administration qui contribuèrent également au renouvellement d'une langue trop pauvre et trop peu précise pour leurs besoins ; et comme cette classe restait en contact avec le peuple, ses innovations se répandirent facilement dans la langue courante.

1. Cf. Meunier, p. 92, Petit de Julleville, t. II, p. 261.

2. Nicole Oresme explique ce procédé dans un de ses prologues : « Et encore pour ceste cause ay en la fin yci faitte une table de mos estranges qui sunt en cest trattey, en laquele table je signe les chapitres ou tels mos sont exposés et les met selon l'ordre de l'a. b. c., afin que quant l'en trouve un tel mot en aucun chappitre l'en puisse avoir recours et trouver aesiément le chappitre là où il est premierement trouvé » (Meunier, p. 62).

3. Cf. Meunier, p. 111.

4. Cf. Trénel, p. 4.

Il ne faut pas s'étonner de voir tous ces néologis-
mes empiéter souvent sur les fonctions d'éléments
préexistants, dont l'emploi était mal défini. Il en
résulta un tel état de confusion et d'incertitude
qu'un des écrivains du xiv⁰ siècle, déjà cité par
M. Brunot, écrit (1) : « Et pour ceu que nulz ne
tient en son parleir ne rigle certenne, mesure ne
raison, est laingué romance si corrompue qu'a poinne
li uns entent l'autre, et a poinne puet on trouveir a
jour d'ieu persone qui saiche escrire, anteir ne pro-
noncieir en une meismes semblant menieire ; mais
escript, ante et prononce li uns en une guise et li
aultre en une aultre. »

L'étude des prépositions permet de constater les
mêmes phénomènes d'enrichissement et de confusion
qui caractérisent la langue en général. Les expressions se présentent en foule pour les mêmes emplois.
Certaines prépositions superflues de la vieille langue,
telles que *ains*, *lez*, *jouste*, *od*, *très*, etc..., persis-
taient. Quelques-unes conservaient leurs acceptions
étymologiques qui se confondaient avec les fonctions
d'autres locutions ; ainsi, *en* s'employait au sens de
« sur », *par* au sens de « à travers », et *outre*, *selon*,
envers étaient encore en concurrence avec *au delà
de*, *le long de*, et *vers* dans l'expression des rapports
concrets. La même préposition, sans différer de sens,
était employée sous plusieurs formes, simple, dans
sur, *sus*, *sous*, *hors*, etc., composée, dans *desur*, *dessus*, *dessous*, *dehors* ; ces dernières locutions s'em-

1. *Psaultier de Metz*, Prologue, 45.

ployaient indifféremment comme adverbe et comme préposition. Enfin, l'introduction en français d'une construction inconnue à la vieille langue, calquée sur l'ablatif absolu du latin, a favorisé la création de nombreuses prépositions nouvelles, telles que *pendant, durant, excepté, moyennant*, etc., tirées pour la plupart de participes présents et passés. On les employait à côté des anciennes prépositions avec lesquelles elles faisaient double emploi.

Tous les efforts de la langue pour sortir de cette confusion se résument dans une tendance vers la spécialité, (1) c'est-à-dire, que dans les cas où le vieux français se servait de plusieurs prépositions pour marquer une seule idée, la langue moderne a attribué à chacune une fonction spéciale en éliminant celles qui devenaient superflues. Ce phénomène se présente dans presque toutes les divisions de notre étude, mais il n'est nulle part plus frappant que dans l'expression des diverses idées de direction, où *à, contre, encontre, vers, envers, devers*, qui ne se distinguaient guère dans l'ancienne langue, ont pris chacun une valeur spéciale, de sorte que *à* et *vers* marquent maintenant la direction au sens concret, *envers* la direction au sens abstrait, et *contre* la direction avec une idée accessoire d'hostilité. D'autre part, *encontre* et *devers*, qui n'avaient plus de fonction spéciale, ont disparu de l'usage.

Il est également intéressant de constater que lorsque les prépositions *à* et *de* se sont trouvées en

1. Cf. Bréal, p. 14.

concurrence avec d'autres locutions dans l'expression de certains rapports, la langue moderne a pu faire une différence entre les fonctions de ces divers termes en limitant à l'expression des rapports ordinaires l'emploi des prépositions les plus usuelles, *à* et *de*, et en se servant d'une autre locution pour exprimer un rapport emphatique. Cet affaiblissement de la valeur de *à* et *de* explique la distinction actuelle entre ces deux prépositions et certaines autres dans l'expression des différents rapports : entre *à*, *de*, et *avec*, s'il s'agit d'un rapport d'instrument, entre *à* et *pour*, s'il s'agit de but, entre *de* et *à cause de*, s'il s'agit de cause.

Enfin, l'un des caractères les plus remarquables du moyen français est la tendance marquée à substituer aux prépositions simples des locutions prépositives telles que *à l'environ de*, *à l'entour de*, *au devant de*, *à l'encontre de*. Ces locutions, qui contribuent à la souplesse et à la précision de la langue, ont été créées pour la plupart pendant la période qui nous occupe.

L'étude de ces transformations met en relief certaines difficultés qui se rencontrent dans tout travail sur l'évolution d'un idiome. D'abord, une langue est un ensemble très instable, qui varie d'un individu à un autre, en sorte qu'il est souvent impossible d'établir une ligne de démarcation entre un usage courant et un usage archaïque ; d'autre part, tandis qu'une construction nouvelle peut l'emporter dans l'ensemble sur une construction traditionnelle, celle-

ci peut encore subsister dans des locutions toutes
faites qui ont survécu par suite de la fréquence de
leur emploi ou simplement pour des raisons d'eu-
phonie. C'est ainsi qu'on dit toujours « portrait *en*
pied, genou *en* terre », bien que cette acception de *en*
ait disparu. Des survivances de cette sorte sont surtout fréquentes dans l'emploi d'expressions adverbiales, que nous étudierons seulement si elles rentrent
dans le cadre d'une construction présentant une
divergence d'usage appréciable par rapport au français moderne.

I

RAPPORTS DE LIEU (SITUATION)

———

I. — SITUATION **ET** DIRECTION

Dans les rapports de lieu on peut généralement
faire une place à part à ceux qui indiquent la direction sous ses divers aspects ; deux questions cependant concernent également la situation et la direction. La première est celle de la confusion de *à* et de
en : elle a fait l'objet de plusieurs études, mais elle
est d'une si grande importance pour l'histoire des
prépositions à cette époque qu'il est indispensable
de la rappeler brièvement ici. La seconde touche les
noms de pays ou de villes, car la même préposition
employée avec de tels noms peut servir pour indiquer
aussi bien le lieu où l'on est que le lieu où l'on va.

A) Confusion de *à* et *en* (1)

Ce phénomène, qui commence à se présenter dès
le début du xive siècle, est dû à la ressemblance phonétique des formes que prennent ces deux prépositions devant l'article défini masculin et pluriel. *El,*
qui est l'ancienne forme contractée de *en* et *le*, se

———

1. Cf. Gerdau, p. 25, et Darmesteter, *Reliques*, II, 178.

vocalise en *ou* vers 1300, ce qui donne pour *en* à cette date la série *en, ou, en la, es* (< *en les.*) Ensuite, à cause du peu de ressemblance entre ces quatre formes, le sens de leur relation se perd et elles se confondent avec celles de la préposition *à*, savoir, *à, au,* (< *al* < *à le,*) *à la, aux.* Cette confusion devient de plus en plus fréquente au cours du xv⁰ siècle ; la série *en* étant la moins consistante se dissocie, *ou* tend à disparaître devant *au*, et *es* devant *aux.* Pour 5o pages de Commines, Gerdau donne les chiffres suivants : *ou*, déux fois, *en la*, quinze fois ; *au* pour *ou* douze fois ; c'est-à-dire que devant l'article masculin *à* se substitue presque toujours à *en*. *Es* meurt plus lentement ; encore fréquent à la fin du xv⁰ siècle, il ne tombe complètement en désuétude qu'au début du xvii⁰ (1).

Voici quelques exemples de cette confusion (2) :

Ou pour *au*, *es* pour *aux.*

elle mourut *ès* pies de son seigneur. *Chev.* *147.*
les ij. faulx prestres alèrent *ès* juges et tesmoignèrent contre elle. *id.* *192.*
Vrayement mon amy ainsi me veulle dieu aider que ma bouche ne toucha ne ne touchera fors a la vostre et a voz cousins et *es* miens. *Joyes. 36.* (*H*)... aux miens. *id.* (*J*) *46.*
(il) commenda que *ou* Roy n'en fust rien dict. *Com.* *I. 154.*

Au pour *ou*, *aux* pour *es.*

car ces archiers... avoient le dyable *au* corps. *J. le B. 40.*
ilz gettent celle plate pierre *au* feu. *id. 48.*
car il trouvèrent fourages ès prés et *as* camps. *Fr. I. 62.*
la poincte luy entra bien avant *au* pié. *Sa. 173.*
elle se coucha *aux* ceindres du foyer. *Sages 80.*

1. Cf. Vaugelas, I, 277.
2. Voir aussi p. 24, 79, 110, 131.

… prist une grosse pierre… et la gecta *au* puys. *id. 84.*
ung petit navyre de guerre parti de Diepe *auquel* estoit ung
bastard de Rubempré. *Com. I. 5.*

B) Indication de pays et de villes (1)

a) *Noms de pays et de provinces.* — Devant un
nom de pays ou de province les rapports de situation et de direction sont généralement exprimés dans
le moyen français par la préposition *en* sans article.

Situation.

Monsigneur Jehan de Haynau, qui se tenoit adonc en Mons *en*
Haynau. *Fr. I. 190. 17.*
qui issus de Flandres estoient et venus demorer *en* Hainnau, *en*
Braibant et *en* Artois. id. X. *249. 12.*
encore se tenoient plusieurs forteresses *en* Normandie, *en*
Caux, *en* Perche, *en* Beauce et ailleurs. *id. I. 484.*, éd. Buchon
(Hübner, p. 57).
Monsr de Chasteau Guyon, qui est de present *en* Piedmont
Com. 1, 354.
le Roy ala à Vienne *en* Daulphiné. *Id. II, 129.*
demourant *en* Portingal. *id. I. 384.*
En l'an mil IIIICLXI… fut grant mortalité *en* Bretaignè, *en*
Angou, *en* Maine et *en* la Basse Normandie. *Mich. 67.*
Le roy estant *en* Bourbonnois eu moys de juing. *id, 71.*

Direction.

pour aler *en* Portingal. *Fr. X, 105, 9.*
et s'en retourna *en* Artois. *id. X, 284, 29.*
et m'envoye *en* Poictou. *Com. I, 172.*
et tira ledit duc à Namur et de là *en* Breban. *id. I, 172.*

Les exemples suivants où *à* est employé pour
exprimer ce rapport sont des exceptions :

Le roy, quant issi aveyt establie ces terres, retorna à Londres,
et de Loundre *à* Normandie. *Foulq. 24.*
si passèrent la mer et vindrent à Dannemarche. *Chev. 25.*

1. Cf. Gerdau, p. 44.

Quant à l'emploi de l'article devant un nom masculin, je n'en ai trouvé d'exemple que devant le
nom de Dauphiné :

Depuis qu'elle arriva à Vienne *ou* Daulphiné. *Com. II, 169.*
et se tira *ou* Daulphiné. *id. II, 341.*
estoit *ou* Dauphiné la pestilence. *Ç. N. N. II. 25.*
ung cas qui est advenu *ou* Dauphiné. *id. II, 34* (Schmidt,
p. 3).

Cette construction est probablement l'origine de
l'emploi dans la langue moderne de *au* devant certains noms de pays masculins. Nous avons déjà vu
en effet comment *à* s'est substitué à *en* devant l'article masculin ; ainsi au xvii⁰ siècle on disait *au
Maine, au Perche* (1) au lieu de *en Maine, en Perche*,
comme dans les passages cités plus haut. Commines
lui-même nous fournit un exemple de cette nouvelle
construction :

il se retira *au* Daulphiné. *II, 85.*

b) *Noms de villes.* — Devant un nom de ville la
vieille langue employait les propositions *en* et *à,*
mais la première était de beaucoup la plus fréquente (2). Dans le moyen français *en* tend à faire
place à *à,* surtout après un verbe de mouvement ;
dans 50 pages de Froissart (3) on trouve ces deux
prépositions dans la proportion suivante : *à,* situation, 17, mouvement, 11 ; *en,* situation, 4, mouvement, 1. Puis, vers la fin du xv⁰ siècle, ce rapport
s'exprime à peu près uniquement par *à. En* se con-

1. Cf. Vaugelas, II, 184.
2. Meyer-Lübke, III, 437.
3. Froissart, III, p. 1-50.

serve cependant devant certains noms de villes ; en premier lieu devant des noms de villes bibliques, en quoi l'on peut voir l'influence du latin d'église, enfin devant les noms de quelques villes du sud de la France, sans doute sous l'influence du provençal.

Situation.

Car quant li roys fu demourez *en* Acre. *Joinv. 11.*
il et li autre riche home qui estoient *en* Constantinnoble. *id. 495.*
une tour que il avoit *en* Jaffe. *id. 530.*
qui pour le temps regnoit et se tenoit *en* Avignon. *Fr. I, 115.*
li aucun des signeurs et des chevaliers d'Engleterre demorèrent *en* Anwiers. *id. I, 141, 5.*
son oncle, qui se tenoit *en* Arras. *id. II, 46, 19.*
aussi gentil homme suis comme homme qui soit *en* Troye. *Tr. 265.*
la plus grant et puissant bouticle de marchant qui soit *en* Bruges. *Maill. 11.*
Par aulcuns jours se tint le Roy *en* Ast. *Com. II, 135.*

Direction

il s'en ala *en* Anthioche. *Joinv. 524.*
comme l'on va de Jaffe *en* Jerusalem. *id. 552.*
mais ce ne povoient il faire se il ne passoient a nage *en* Jherusalem. *Prim. 82, C.*
comment il entra *en* Paris. *id. 87, G.*
il vint *en* Avignon devers le Pape. *Ch. II. 14.*
son entrée *en* Guand. *Com. I. 121.*
quant le Roy entra *en* Napples. *Com. II. 178.*

A est très fréquent chez tous nos auteurs ; en voici quelques exemples.

Situation.

Les malades qui estoient *à* Damiette. *Joinv. 301.*
li dus de Normendie sejournoit *à* Nantes. *Fr. III. 31.8.*
Si comença un chastiel *à* Brugge, et un autre chastel comença en Dynan. *Foulq. 17.*

Direction.

pour revenir *à* Damiette. *Joinv. 3o4.*

et se parti dou roy et des barons et vint *à* Hantonne. *Fr. III.*
4o. 28.

qui vint jusques *à* Nice. *Com. I. 68.*

Et de là tira *à* Pise. *Com. II. 24I.*

2. — SITUATION

A) Le complément est un nom de personne.

A.

Lorsque le complément est un nom de personne
l'ancienne langue se sert fréquemment de *à* au
sens de *chez* ou d'*auprès de* :

Au sens concret.

touz les barons s'assemblèrent derechief *au* roy. *Prim. 44. D.*

mès s'en vint de grant corage assambler *as* Alémans, et li
Alemant *à* lui et *à* ses gens. *Fr. II. 75. I.*

ces chausses d'escarlate,... m'ont cousté deuz escuz *à* Jehan de
Buffe. *Sa. 54.*

Comment... Saintré... s'en alla disner avecques ses compai-
gnons *ausquelz* comme il disnoit, la royne luy envoya ung tres
fin drap d'argent. *Id. 94.*

et quant Saintré fut *à* elle, elle lui dit hastivement... *Id. I69.*

Au sens figuré.

Sire, vous devez mout soufrir *à* Poince l'escuyer; car il a servi
votre aioul et vostre pere et vous. *Joinv. 66I.*

nous dist en riant le tourment que il avoit eu *aus* prelas. *Id.*
673.

Ne ne cuidez point que nul qu'il soit dedans la ville trouve
jamais pitié ne misericorde *à* nous. *Tr. 263.*

Li quelz acquist puissedi si grant grasce *au* roy et *à* tous les
signeurs dou pays. *Fr. I. 77. 3* (1).

Car nous ne trouvons mies *à* nos anciiens, ne ne tenons que li

---

1. Voir aussi *devers*, p. 54.

royaumes d'Escoce soit de rien subgès ne doit estre au roy d'Engleterre. *Fr. I. 104. 20.*

par le grant acord qu'il acquist *as* bourgois de la cité. *Id. II. 89. 10.*

c'est ung sage homs... et *à* qui vous et vostre fllz ariez un grand recours et trèsbòn secours. *C. N. N. I. 275.*

car il estoit bien joyeulx de ce qu'il avoit trouvé *audit* herault. *Com. I. 290.*

Notons aussi les expressions suivantes :

se conseiller à qqn.

il se conseilloit *à* bones personnes de religion et d'autres. *Joinv. 692.*

elle s'en consilla secretement *au* roy Charle. *Fr. I. 18. 24.*

s'informer à qqn.

dont je me suis informé tant *aux* nobles gens... comme aussi *aux* plus véritables. *Mons. I. 4. (W.).*

s'excuser à qqn. (1).

se voult il excuser *à* eulz qui estoient en la presence de li. *Prim. 87. B.*

li contes... s'escusa si sagement *au* roy son oncle. *Fr. I. 174.2.*

faire à qqn. (2).

mais qu'il fesist tant *au* duch qu'il se apparillast. *Fr. I. 141. 20.*

ses lettres, qui contenoient qu'il avoit tant fait *à* une telle... qu'elle nous baillera sa maison pour deviser. *C. N. N. I. 236.*

Chez (3).

Comme dans la langue moderne, chez s'employait uniquement devant un nom de personne ; mais il n'avait alors que son sens concret étymologique, c'est-à-dire « à la maison de ». (4)

---

1. Cf. *s'excuser vers, devers qqn.*, p. 55.
2. Cf. *faire envers, devers qqn.*, p. 55.
3. Pour l'étymologie de *chez*, cf. Nehry, p. 5.
4. Il est à noter qu'au xvii° siècle encore ce sens est le seul que Vaugelas lui attribue, cf. Vaugelas, I, 403.

et je vi la femme et l'enfant *chiez* le conte de Joyngny qui seul de ceste nef eschaperent. *Joinv. 14.*

si vindrent premierement *chez* l'une. *Chev. 42.*

la royne d'Engleterre estoit herbergie à Buignicourt *chiés* le chevalier. *Fr. I. 21. 9.*

mais convient à l'avanture en aller querir *cheux* les voisins. *Joyes. 48* (H.).

Autres particuliers taschoient encores audit gouvernement et en estoit grant question *chez* le Roy. *Com. II. 311.*

B. — LE COMPLÉMENT EST UN SUBSTANTIF ABSTRAIT

A.

Au point de vue grammatical un complément abstrait tel que paix, plaisir, accord, etc... était considéré dans le vieux français comme un complément de lieu, et s'introduisait également par *à* ; ainsi on pouvait dire : *être à paix, être à son plaisir, venir à paix, venir à honneur* (1). Cet usage est plus restreint dans la langue moderne, où il ne se rencontre guère que dans des expressions toutes faites telles que, *ceux qui ont été à la peine doivent être à l'honneur.*

Ledit recoveur en sa personne, lesdiz maistres charpentiers du roy... furent *à* accort que bon estoit. *Doc., 103.*

car les cardonnaux estoient *à* descort. *Prim., 86, B.*

mais il ne la tint pas longuement *à* pais. *id. 99, E.*

sy fût la bonne dame *à* trop grant meschief de perdre l'une des messes. *Chev., 72.*

... dont ilz furent *à* grant douleur. *id., 164.*

... furent li Englès et li Escot bien *à* pais. *Fr. I., 103, 25.*

Onques tèle halle ne fu *à* si haute honneur. *id. I., 150, 3.*

Quant li bourgois se veirent *à* tel dangier, (il) priièrent merci. *id. II., 96, 3.*

1. Cf. ci-dessous, p. 81.

Quant cil de le cité oïrent celle requeste et veirent le chevalier qu'il amoient tant *à* tel meschief... *id. Il.*, *95*. *12*.

il na pas tousjours este *a* son plaisir. *Joyes*. (*H*) *76*.

En

Remarquons aussi la fréquence de l'emploi de *en* après un verbe simple comme *être* et *avoir* et devant un substantif abstrait : *être en vouloir, être en crainte, avoir une personne en indignation*, etc... ; aujourd'hui nous remplacerions souvent cette construction par un verbe qui exprimerait à lui seul la même idée : *vouloir, craindre*, ou par une autre tournure de phrase comme, *avoir de l'indignation contre quelqu'un.*

tout aussi comme Dieu ne secourt pas ceux qui l'ont *en* desdaing. *Mondev. 16.*

dirons coment les Tartars ont *en* grant reverence le nombre de IX. *Hay. III, 8.*

ains ay eu *en* indignation et *en* despit ceulx qui m'ont ce monstré. *Mén. I., 33.*

tu estoies *en* vaine cogitacion et mauvaises pensées, *id.,43.*

En quelle digneté estoit celle Royne, couronnée ou atournée de grans richeces de joyauls. *Ch. I, 20.*

Ces choses pourroit on dire de ceulx qui sont *en* mariage. *Joyes. 3 (H).*

mesmes vous toutes, quelque conseil que me donnez, m'en ariez *en* irreverence et *en* mains d'amour. *C. N. N. I. 118.*

Toutesfoiz elle estoit *en* grand craincte de tumber soubz sa main. *Com. I, 366.*

il estoit *en* grand auctorité avec le Roy. *id. I, 393.*

la compaignée fut *en* grant vouloir de retourner ; *Id. II, 150.*

je eusse esté *en* grans honneurs et richesses. *Joyes, 16 (J).*

C. — Le complément est un infinitif

Dans l'ancienne langue l'infinitif était traité comme un véritable substantif (1), il pouvait donc être pré-

1. Cf. Foulet, p. 155.

cédé des prépositions *à* et *en* pour caractériser l'action principale. En général, cette construction serait maintenant remplacée par *en* suivi du participe présent ou par une phrase subordonnée :

A.

il faisoit tel noise *au* venir, que... *Joinv. 2o6.*
si forte maladie le prit *à* rapasser la mer. *J. le B. II, 28.*
et celle royne Ysabel trespassa *au* venir de Thunes. *Prim., 1o5, E.*
à l'aler en ville ou au moustier vous accompaigniez convenablement selon vostre estat... *Mén. I, 15.*
et gardez que *au* plumer la peau ne soit dessirée, *id. II, 213.*
et sont les plus frais congneus à ce que *au* plaier ils se rompent *id. II, 228.*
puis soit bouly en une paelle de fer, et *au* boulir soit mis du vinaigre, *id. II, 233.*
et *au* prendre congié, très doucement me dist que de sa part vous saluasse. *Sa. 1oo.*
uns moult gentilz nobles et jones bacelers y fu tués *à* jouster. *Fr. III, 3, 8.*

En.

Comment *en* donner dons doit avoir mesure. *Ch. I, 35.*
Quar *en* eulz wardeir et acomplir gist grant profit. *Ps. XVIII 12.*

3. — SITUATION A L'INTÉRIEUR

Nous avons déjà vu (p. 21) comment les deux prépositions *à* et *en* se sont confondues dans le moyen français et comment un rapport d'intériorité s'exprimait souvent par *à* et non par *en* lorsque le complément était accompagné d'un article défini masculin ou pluriel. Il reste à remarquer l'emploi dans ce rapport de *enz, dedans* et *dans.*

Enz.

Enz (latin *intus*) a toujours été d'un usage plus rare que *en*. Il se trouve comme adverbe dans les plus anciens textes, mais comme préposition il est fréquent seulement entre 1150 et 1250 (1) ; après 1300, les auteurs picards sont à peu près les seuls à employer *enz* préposition, ce qui se rencontre pour la dernière fois dans Froissart ; l'adverbe au contraire subsista plus longtemps (2).

car ces choses causent putrefaction *enz* ulceres. *Mondev. 1512*
et se logièrent *ens* ces villages. *Fr. I, 449.*
il se trouvèrent à Ippre, à Poppringe et *ens* leur pays bien avant *id. 255.*
Et chil de Rennes... estoient en grand estri *ens* le place où il estoient tout assamble t. *id. II, 279.*

Comme adverbe *enz* servait à renforcer le simple *en*, construction qui disparaît aussi vers la fin du xive siècle :

se il demoroient longement *ens ou* pays. *Fr. I, 14 12.*
ils estoient perdu davantage, et escheu *ens ès* mains de leurs ennemis. *id. I, 26. 29.*
mais ançois il leur couvint disner *ens ou* palais de Wesmoutier *id. I, 92. 23.*

Dedens, dedans (3).

Le composé *dedenz*, qui ne se trouve pas ou se trouve très rarement dans les plus anciens textes, (4) a atteint son plus grand développement dans le moyen

1. Gerdau, p. 17.
2. Cf. *C. N. N.* II. 242 : « la fillette le reçeut gracieusement, le mist *ens* et ferma l'huys. » *Id.* II, 55, etc.
3. Gerdau, p. 23.
4. On ne le trouve que deux fois dans la *Chanson de Roland*, cf. Michael, p. 6.

français, où son emploi était sans doute favorisé par la disparition de *enz* et *enz en*. Puis après 1500, on lui préfère de plus en plus la forme *dans*, en sorte qu'au xvii⁰ siècle Vaugelas et l'Académie n'admettront plus *dedans* que comme adverbe sauf lorsqu'il est employé en opposition avec *dehors*, « cela n'est ni *dedans*, ni *dehors* le coffre, » ou lorsqu'il est précédé d'une autre préposition, « *par dedans* la ville » (1).

L'emploi de *dedans* diffère peu de celui de *en* dans nos auteurs, mais on préfère la première de ces formes lorsquel'idéed'intériorité est plus emphatique :

à César est le denier ou la monnoie, veu que son ymaige est imprimée *dedans* icelle. *Or. 21.*

vous troûverez un gros crapaut *dedens* son cuer. *Chev. 203.*

et tiendray cellé *dedens* mon cueur.., mon grand mal. *Tr. 226.*

Messires Mathieus de Roie, qui pour le temps se tenoit *dedens* Tournay. *Fr. II, 46.*

car tout ne se peuissent mies logier *dedens* le ville ne ens es fourbours. *id. III, 31. 6.*

ilz prirent cestuy empereur et le menarent au lieu *dedens* Romme nommé Capitoille. *Sages 119.*

advisé et conclud la forme de l'assieger *dedans* Han. *Com, I, 330.*

ceulx qui estoient *dedans* Nancy attendoient leurs secours. *id. I, 372.*

plusieurs broches de fer massonnées *dedans* le mur. *id. II, 80.*
une petite broche de bois *dedans* le soulier. *id. II, 181.*

De même, *de dedans* :

les autres sont du tout en tout repostes *de dedens* le cors. *Mondev. 600.*

Dans (2).

La forme *denz* (latin *de-intus*) était très rarement

1. Vaugelas, II, 338.
2. Cf. Darmesteter, *Reliques*, II, 178, Gerdau, p. 21 et 30, et Meyer-Lübke, III, 534.

employée dans l'ancien français et ne paraît dans aucun de nos textes antérieurs à 1450 ; cependant, vers .la fin du xv° siècle on rencontre quelques exemples de la forme *dans*, destinée à jouer un rôle si important dans la langue moderne.

L'emploi et le développement de *dans* à cette époque avait sans doute pour cause le besoin d'éviter l'équivoque entre *au* et *ou*, car ainsi que nous l'avons vu, (p. 21) la confusion de ces deux formes avait amené la substitution de *à* pour *en* lorsque celui-ci était suivi d'un article masculin ou pluriel. Cette supposition est confirmée par les chiffres donnés par Darmesteter pour l'emploi de *dans* et *en* chez Ronsard, le premier écrivain qui se sert couramment de la nouvelle préposition : ces chiffres montrent que dans la plupart des cas où *dans* est employé au lieu de *en* la préposition est suivie de *le* ou *les* (1).

La provenance de *dans* est assez énigmatique. Bien qu'on ait relevé peu d'exemples de *denz* dans l'ancienne langue et qu'on n'en trouve aucun pendant le premier siècle et demi du moyen français, il se peut que cette forme ait subsisté soit dans le langage populaire, ainsi que le suggère Darmesteter, soit dans quelque dialecte ; elle aurait été tirée de son obscurité lorsque la confusion de *en* avec *à* créa le besoin d'une nouvelle préposition exprimant l'intériorité. D'autre part, on peut aussi y voir une forme contractée de *dedans*, qui, d'après Meyer-Lübke,

---

1. « Sur 54 exemples *dans* est suivi de *le* ou *les* dans 30 cas et d'un autre mot quelconque dans 24 seulement ».

aurait perdu son premier élément dans un emploi atone.

Gerdau propose une troisième solution, qui paraît plus probable, d'après laquelle *dedans* se serait réduit comme les autres prépositions composées, (*dehors, desur*, etc.), conformément à la tendance de la langue à cette époque ; dans tous les cas la tendance en question a dû contribuer beaucoup à l'extension rapide de la nouvelle forme.

Voici d'abord quelques exemples de l'emploi adverbial de *dens* après *de*, que l'on trouve surtout dans le manuscrit d'Amiens de Froissart. Il est impossible pourtant d'y attacher beaucoup d'importance, puisque on a probablement affaire à la forme *dedans*.

si dura chilz assaulx du matin jusques à nonne ou environ, toudis assallant et deffendant, et tant que chil de *d'ens* furent durement lasset. *Fr. 11. 271.*

et faisoient sur chiaux de *d'ens* mainte appertise d'armes, *id. 11. 313.*

aussi, 11. 285 ; 315 ; 358 ; 374 ; 349, etc...

quant ceuls de *dens*, et ceuls de hors se combatent aux murs. *Ch. 11. 34.*

le dit jeudy, les gens d'armes arrivèrent devant Foulgières et y furent jusquez au jeudy cinquième jour do novembre pendant lequel temps furent moult travaillez de guerre, de l'artillerie de *dens. Mich. 53.*

Je n'ai relevé que trois exemples de *dens* dans nos auteurs ; les deux premiers ont déjà été cités par Gerdau :

Et s'avancèrent tant qu'ilz arrivèrent *dens* ung faulxbourg. *Com. 1. 153.*

Helas ! ma dame, s'il a failly *dans* sa promesse, vous avez ouy son excuse. *Sa. 13.*

et pour revoquer ses douleurs incontinant entra *dans* la chambre. *Sages. 98.*

Enmi et au milieu de.

Le composé *enmi*, qui se trouve dès les plus anciens textes (1) ne disparaîtra de la langue littéraire qu'à l'époque de Vaugelas (2) ; d'ailleurs à côté de cette expression on employait dès le xiv⁰ siècle la locution moderne *au milieu de*.

Enmi.

une grand place *enmy* la ville. *J. le B.* 25.

que on fist grands feus *enmy* chascune place, *id.* 69.

si leur avint que li marescaus de l'ost et leur coureur trouvèrent *enmy* voie une bonne ville et grosse. *Fr. II. 311.*

piez et mains liez getés le moi *en my* les tenebres exteriores. *Maill. 2.*

en my la place devant ledit palays. *Com. II. 29.*

Au milieu de.

et ce ay-je si fichié *au millieu* de mon cuer. *Mén. I. 109.*

Y m'estoit advis que je veyoie *au mylieu* de mon vergier. *Sages. 101.*

Entre.

Enfin, *entre* s'employait encore devant un substantif pluriel avec sa valeur étymologique au sens de *au milieu de*, sens dans lequel le composé *parmi* l'a remplacé au xvi⁰ siècle (3).

entre nous de Champaingne aviens bien perdu trente cinq chevaliers. *Joinv. 468.*

et sans mot dire elle s'en alla mucer *entre* les autres femmes. *Tr. 294.*

1. Renzenbrink, p. 10.

2. Vaugelas, 11, 437.

3. Voir Renzenbrink, p. 3, et Graefenberg, p. 115, qui cite des exemples analogues de *entre* pour le xvi⁰ siècle.

Entre les Cambrisiens avoit un jone canonne. *Fr. I, 192, 11.*
et *entre* les aultres y alloit monsr. de Chasteauguyon. *Com. 1, 365.*
et *entre* les aultres y estoit le duc d'Orléans. *id. II, 340.*

4. — A TRAVERS

Le rapport exprimé dans la langue moderne par la locution *à travers* implique à la fois une idée d'intériorité et de mouvement. Dans la vieille langue cette idée était indiquée par la préposition *par* et son composé *parmi* (1). Cet usage, conforme au sens étymologique de *par*, se conserva dans le moyen français. Cependant, vers la fin de cette période, les locutions *au travers de*, (chez Joinville *ou travers de*) et *le travers de* deviennent plus fréquentes, bien que *parmi* ne disparaisse pas complètement dans ce sens avant la fin du xvi° siècle. Par contre, je n'ai relevé qu'un seul exemple de l'expression moderne *à travers.*

Par.

lesquiex firent tant *par* les perilz de mer et de terre que ils entrèrent en France. *Prim. 8. B.*
puis lui mettoit alesnes et aiguilles ardans *par* les sourcilz, et *par* les temples, et *par* le front jusques à la cervelle. *Chev. 109.*
Et la mule.. naigea tant *par* le Rosne qu'elle trouva la rive. *C. N. N. I, 291.*
qu'elle ne se boutast *par* la presse des gens. *id. 1.48.*

Parmi.

Li clers... en feri l'un *parmi* le cuer. *Joinv. 116.*
e ledement le naufra *parmy* le bras senestre. *Foulq. 31.*
leur boutoient les glaives *parmi* les entrailles. *Prim. 21. B.*

1. Renzenbrink, p. 3.

car quant ils sentent *parmi* le gant que l'esprevier estraint fort,
ils jugent qu'il est fort. *Mén. II, 304.*

Si chevauça li rois ensi *parmi* Bourgongne. *Fr. I, 115, 11.*

l'eau salée, passée *parmi* cire, pert son amertume et devient
doulce. *Ch. II, 36.*

mais il va et vient de nuict en sa maison, *parmy* les bois et à
tastons, *parmy* les haies et bussons. *Joyes 108 (J.).*

et ladicte espée et dague lui fichèrent ou corps *parmi* le fonde-
ment jusques à la poitrine. *Mons. I, 226 (W.).*

Au travers, ou travers.

nous chargierent li Sarrazins touz de pilés que il traioient *ou
travers* dou flum. *Joinv. 208.*

et (vous) ferez scier *au travers* le chesne ou arbre. *Mén. II, 52.*

les masles ont *au travers du* col, endroit le hasterel, une tache
blanche. *id. II, 89.*

en celle entrée avoit un porc noir et une truye couchiez *au tra
vers* du chemin. *Chev. 67.*

et le feit conduyre… *au travers* du païs de Lorrayne. *Com. I,
361.*

Le travers de.

et le passerent en une pippe *le travers* de la ville de Millan.
Com. II, 110.

A travers.

Mais les poissons courent après
Tant qu'ilz peuent *a travers* le boys. *Sotties. 86.*

5. — SITUATION A LA SURFACE ET AU-DESSUS

En.

La situation à la surface d'un objet pouvait être
indiquée, dans le moyen français comme dans la
vieille langue, par la préposition *en*, conformément
à l'emploi de *in* en latin ; cet usage s'est conservé jusqu'à la fin de notre période et subsiste encore dans

la langue moderne dans certaines locutions : casque
en tête, portrait en pied, etc... (1).

car se Diex morut *en* la croiz, aussi fist il. *Joinv. 5.*
l'on disoit que la royne Blanche le besoit *ou* front par devocion, *id. 96.*
un amiral qui estoit *en* un tertre. *Id. 544.*
la lance el poing et le chapel de fer *ou* chief. *Prim. 55. F.*
Sire Johan fust molt vaylant ; sayly tost *en* piés. *Foulq. 74.*
et jé suis faiz ensi comme li passerès ou li moixons solitaires
on teit. *Ps. CI, 8.*
(nous) avons mis noz seaus *en* ces presentes lettres. *Doc. 10.*
la couronne *en* la teste. *Tr. 293.*
ung très bel aniel qu'il portoit *en* son doi. *Fr. II, 340.*
et quant vostre bracelet sera parfaict... je le mectray *en* vostre
bras la première fois. *Sa. 75.*
après ces parolles, le prevost se vient mettre *en* siège pontifical
à dextre. *C. N. N. I. 135.*
mais elle ne fut pas si fole, non pas par convoitise de la verge
qu'elle ne trouva bonne gracieuse fasson de la regarder et bouter
en son doy. *C. N. N. I. 154.*
lequel portoit *en* son doy l'aneaul dessusdit. *Sages, 142.*

En indiquait également la surface sur laquelle on
écrivait, etc...

et escript deux fois *en* terre. *Mén. I. 191.*
comme noz très chers seigneurs et cousins les rois Loys et Philippes eussent ottroié, par leurs lettres ouvertes *en* soie et en cire
vert. *Doc. 112.*
et escrisist *en* la porte ou *en* l'uis. *Chev. 231.*

Cet emploi de *en* était tout à fait superflu car il ne
faisait qu'empiéter sur le domaine de *sur* ; en outre,
il était difficile à concilier avec le sens habituel de
la préposition qui marquait ainsi un rapport de
situation à la surface aussi bien qu'à l'intérieur d'un
objet ; son élimination était donc une conséquence

1. Cf. Gerdau, p. 59, et Darmesteter, *Gram. hist.*, p. 194.

naturelle des tendances logiques de la langue moderne.

Sur, sus, desor, dessus.

Les quatre formes *sur*, *sus*, *desor*, *dessus*, s'employaient sans distinction dans le moyen français, mais les composés étaient moins fréquents que les prépositions simples.

Sus, qui a pris une grande extension à partir du XIII° siècle remplace presque entièrement *sur* dans beaucoup de nos textes. Il se conservera comme préposition jusqu'au XVII° siècle (1), et comme adverbe jusqu'à nos jours dans les locutions *en sus de, courir sus à qqn*.

aucunz des assaillans qui furent portés aus tentes *sus* leur escus comme mors. *Prim. 22. F.*

Li Escot sont à trois liewes priès de ci, logiet *sus* une montagne. *Fr. I, 62, 16.*

li coureur... très bien monté *sus* fleurs de roncins et de gros coursiers. *Fr. II, 73.*

Desor ou *deseur*, qui était déjà employé dans la vieille langue comme synonyme de *sur*, (2) s'est conservé jusqu'à la première moitié du XVII° siècle.

aucunz des baronz vindrent au roi... et conseillierent que il montast *deseur* le meilleur cheval. *Sar. 612.*

cil Achoreuz... seoit *desor* I faudestuel, *id. 583.*

les villes de *dessur* la mer. *Mich. 64.*

La forme *dessus* est entrée en usage au cours du XII° siècle (3); le moyen français fournit encore des

1. Cf. Waldmann (A.), p. 54.
2. Cf. Michael, p. 31.
3. Cf. Waldmann (A.), p. 88.

exemples où l'on peut distinguer la valeur de ses deux éléments :

les espreviers ainsi lassés sont plus tardis et plus lens à revenir de dessus un grand arbre..., que *dessus* un bas. *Mén. II, 304.*

et quant ma dame, qui l'ueil *dessus* Saintré ne bougeoit... *Sa. 155.*

sans plus actendre, ne lever aulcune chose *dessus* les tables, *id. 258.*

Comme *deseur*, *dessus* a le plus souvent le même sens que la préposition simple, et s'est employé à côté de celle-ci jusqu'à l'époque de Vaugelas, qui a décrété que la forme composée doit être usitée seulement comme adverbe (1).

et eurent ordonnance... que chacun ewist une chemise *dessus* ses armures. *Fr. II, 195.*

l'autre lui marche *dessus* le pié. *Joyes, 19 (J.).*

et *dessus* les destriers quatre très gents paiges. *Sa. 95.*

et firent faire *dessus* ce pillier ung roy de France. *Com. II, 159.*

Sur est employé fréquemment pour indiquer la superposition sans contact, ce qui est plus rare dans la langue moderne (2).

et à faire chasteauls et garnisons, ou doit garder, que le lieu soit sur eaue, et que montaigne ne soit *sur* euls. *Ch. II, 28.*

et vous arez, dist lors celuy qui estoit dessus le poirier, *sur* eulz, tous des meilleures poires du poirier. *G. N. N. I, 286.*

De même, *sus*, etc.

et *sus* le chief du Daulphin avoit un ciel. *Ch. III, 41.*

car il paroit *desur* toute sa gent dès les espaules en amont. *Joinv. 228.*

Escaupons, *deseure* Valenciènes. *Fr. II, 57, 10.*

la Veraie Croiz que li legaz tenoit en haut *desus* son chief contre les mescreanz. *Sar. 590.*

1. I. 214.
2. Cf. Meyer-Lübke, III, 449.

vn drap d'or, que les quatre eschevins porterent à quatre bastons *dessus* le Roy. *Chart.* (*E.*).

Remarque. — Dans les exemples suivants l'auteur du *Ménagier de Paris* emploie *sur* au sens de *chez* :

une racine que l'en vent *sur* les herbiers. *II*, *246*.

une livre de froument mondé, lequel on treuve aucunes fois *sur* les espiciers tout mondé pour un blanc la livre. *II, 210*.

6. — EN DESSOUS

Il n'y a pas d'autre forme à remarquer que le composé *dessous* ; il s'employait déjà dans la vieille langue avec le même sens que le simple *sous* (1), et s'est conservé comme préposition jusqu'au xvii° siècle (2) :

on lour metoit une touaille *dessous* les piez. *Joinv.* *526*.

puis taster *dessoubs* les gencives qu'il y ait grant entredeux et bonne ouverture et large. *Mén. II, 73*.

mais j'en donne au deable tout quant il en a *dessoubz* mes deux mains… *Joyes* (*J.*) *73*.

Remarque. — La locution *sens dessus dessous*, dont l'origine est obscurcie par l'orthographe actuelle, s'écrivait pendant cette époque *c'en dessus dessous*, *s'en dessus dessous*, c'est-à-dire, ce qui est dessus mis dessous. On rencontre d'abord la forme *ce dessus dessous*, qui est plus usuelle que la forme avec *en* (3) :

chacune losenge retournée à la palette *ce dessoubs dessus*. *Mén. II, 209*,

1. Cf. *Roland*, 114 : *Desuz* un pin, delez un eglantier, Un faldestoel i out.

2. Vaugelas, II, 338.

3. Pour l'avis de Vaugelas et de l'Académie, qui préfèrent l'orthographe *sans dessus dessous*, cf. Vaugelas, I, 113.

puis retournez une fois la lamproie *ce dessus des soubs. id.II,194*
de tous coustés ay veu ceste maison honnourée, et puis tout à
un coup cheoir *ce dessus dessoubs. Com. I, 392.*

ilz abatirent le bers en my la chambre *ce dessus dessoubz.
Sages, 7*

Renverser *s'en dessus dessoubz,* Est-ce bien fait, je vous en prie?
Charles d'Orléans (Littré).

Renversez *cen dessus dessous* La terre... Gringoire (*id.*)

7. — DEVANT et DERRIÈRE (1)

A côté de la forme la plus usuelle, *devant,* on
employait *davant, par devant* et surtout *au devant de.*

Devant

j'escrirai *devant* chascun traitié ou doctrine de tous les titres.
Mondev. 28.

li contes de Montfort se mist en genouls *devant* le roy. *Fr. II,
3o3.*

Davant, employé encore par Rabelais (2).

tousjours ay eu *d'avant* mes yeulx l'estoille de voustre beau
visage. *Tr. 181.*

et vous me blasmerez fort *davant* luy. *Joyes, 54 (J.).*

je l'ay maintenant trouvé *davant* la fontaine. *id. 126.*

Par devant.

ilz furent exéquetez *par devant* le chastel de Bristo. *J. le B. 21.*

ou mois de septêbre vint le Sire d'Audelay... *par deuant* le roy.
Chart. (E.).

Au devant de.

le grosse embusche, qui là estoit *au devant dou* pont. *Fr. II,
74, 22.*

En cel estat les trouva li roys englès, si commanda à logier
touttes mannières de gens *au devant* d'iaux. *id. II, 326.*

et estoit celuy qui avoit traictié la paix, quant nous la trou-

1. Cf. Bœdekker, p. 187.
2. Cf. Huguet, p. 275.

vasmes *au devant* d'eulx en bataille. *Com. I, 109.*

l'armée de mer... qui estoit tres grousse, et telle que nul ne se fust ousé trouver en ceste mer *au devant* de ce navyre. *id. I, 201.*

Présent.

Présent peut encore être rapproché des prépositions qui désignent le lieu. Cet adjectif employé avec un substantif en manière d'ablatif absolu, a pris, au cours de notre période, valeur de véritable préposition. Renzenbrink (1) attribue les premiers exemples de cette tournure au xve siècle, mais elle existait déjà au commencement du siècle précédent. On la trouve d'abord dans la langue de la chancellerie; de là son emploi se répand dans la langue ordinaire pour se restreindre en dernier lieu au style des notaires. (cf. Littré.)

Employé comme adjectif tantôt il précède le substantif et tantôt il le suit; il s'accorde avec lui en genre et en nombre.

la royne, messeigneurs et dames, là tous *presens*, vindre prendre congié. *Sa. 187* (Renz).

quant ta sainte âme... fut portée *présens* les anges et archanges. *Mén. I, 12.*

Employé comme préposition il ne s'accorde plus avec le substantif et le précède régulièrement.

Par le roy, *present* le comte de Beaumont, et l'esleu confermé d'Avranche. *Doc. 17.*

Compte fait par moy Gieffroy de Flouri... *présant* monsr. de Noion, monsr. Jehan d'Argillières... *Comptes, II, 1.* (1317).

si preeça, le jour dou Saint Venredi, *present* les rois dessus nommés. *Fr. I, 115, 31.*

1. p. 60.

laquelle il espousa en son pays, *présent* grant baronnie. *Ch. II,*
13.

. et là *présent* le roy et tous, le remercia des bons enseignements qu'il luy disoit. *Sa. 63.*

sa lectre... qui *présent* eulx fut leue, *id. 148.*

Derrière, Après.

Les prépositions *derrière* et *après* ne donnent
lieu à aucune remarque. Comme forme équivalente
de *derriére* on trouve :

arrière de, dariere

Tui jugemens sunt osteiz et mis *arrieir* de lui. *Ps. IX, 27.*
quar Nostre Sires ne despiterait ne ne boterait mie *arrier de*
li son pueple. *id. XCIII, 14.*
et que le pot soit *arrière* du feu. *Mén. II, 167.*
Ertaus, qui aloit *dariere* li. *Joinv. 91.*

aussi, au derrière de.

une petite montaigne *au derriere* du Liege. *Com. I, 159.*

Remarque I : Je n'ai relevé aucun exemple de la
vieille préposition *très* avec une valeur locale (1).

Remarque II : L'orthographe de *sens devant der·*
rière a subi le même changement que celui de *sens*
dessus dessous ; on trouve cette locution sous plusieurs formes : *ce devant derrière, c'en devant der-*
rière ou *s'en devant derrière.*

il tournerent *ce devant darieres* et s'en fouirent. *Joinv. 156.*
comment il perça le beuf d'argent du chevalier et le retourna
ce devant derriere. Sa. 149.
son visaige tourna *s'en devant derrière. Chron. 29.*
Princes, vous qui tenez les grans estats Sans regarder la
façon et maniere, Vous courroncez tant de gens en un tas, Que
tout pour vous va *cen devant derriere.* Coquillart (Littré).

. Cf. Horbach, p. 9.

8. — SITUATION EN FACE

Contre, encontre, à l'encontre de (1).

Le français a gardé la tradition latine en employant *contre* et *encontre* pour marquer la situation d'un objet en face d'un autre, mais cette acception est souvent ambiguë, puisqu'elle se confond trop facilement avec l'emploi de *contre* exprimant un rapport de proximité immédiate. (2) En effet il y a peu d'exemples où cette dernière idée soit complètement exclue ; Reyelt n'en donne aucun pour la vieille langue et même pour la période qui nous occupe il y en a peu d'indiscutables. D'autre part la locution *à l'encontre de* semble avoir été gardée surtout pour exprimer ce rapport plutôt que le rapport de proximité.

Contre et encontre.

quant la royne le vit entrer en là chambre où elle estoit, si s'agenoilla *contre* li, et li chevaliers se ragenoilla *contre* li aussi. *Joinv. 601.*

et si (l'estoupace) trouble *contre* la lune pluiouse et *encontre* la belle lunison si esclaircist et semble meillor. *Lapidaires, 297* (3).

et pour ce que la bataille le conte Guillaume de Flandres lour estoit *encontre* lour visaiges. *Joinv., 272* (Reyelt).

je estoie bien li quatorziemes assis *encontre* le legat, *id., 426.*

si se logièrent là endroit *encontre* yaus. *Fr. I. 68, 9.*

Afin qu'il ordenast sa bataille *encontre* les montaignes opposites. Bercheure (Littré).

1. Cf. Reyelt, p. 61 et 84.
2. Cf. ci-dessous, p. 50.
3. *Les lapidaires français du moyen âge des XII*, *XIII* *XIV* siècles,* éd. L. Pannier, 1883.

A l'encontre de :

Comme toutes choses apèrent qui sont mises *à l'encontre* du mirouer materiel. *Prim. 105, H.*

si se logièrent tout li un apriès l'autre, sus le rivière d'Escaut, *à l'encontre* de l'ost françoise. *Fr. II, 28, 7.*

Dont messires Loeis d'Espagne, messires Charles Grimaus... estoient establi sus le mer *à l'encontre* de Grenesie, *id. III, 7, 20.*

Endroit (1).

Endroit s'employait également dans ce sens, mais puisqu'il marquait aussi bien la proximité (2) on est souvent embarrassé pour distinguer entre les deux acceptions.

et devant la table le roy, *endroit* le conte de Dreues, mangoit mes sires li roys de Navarre. *Joinv. 93* (Renz).

endroit celi... estoit la nostre bataille, *id. 272.*

mi pié estoient *endroit* le bon conte Perron de Bretaingne, et li sien *endroit* le mien visaige. *Joinv. 356* (Renz).

C'est donc probablement pour éviter cette confusion entre les deux acceptions de *contre* et *endroit* que l'on a créé les expressions suivantes pour marquer ce rapport :

Vis-à-vis de, dont Godefroy ne donne aucun exemple antérieur au XIV° siècle, a été formé sur le substantif *vis*, visage, (latin *visum*,) qui s'est conservé seulement dans cette locution (3) :

laquelle estoit *vis à vis* de Troïlus. *Tr. 290.*

une petite posterne *vis à vis* de laquelle demouroit ung bon compaignon. *C. N. N. I. 1.*

Damp Abbez, s'assist, pour deviser, *viz à viz* de luy. *Sa. 239.*

1. Cf. Renzenbrink, p. 15.
2. Voir ci-dessous, p. 60.
3. *Dict. Gén.*

Opposite de, à l'opposite de.

et logea le duc Jehan en ung petit corps d'ostel tout droit au devant de celluy de Monsr. de Charroloys, *opposite de* la rivière. *Com. I, 67.*

L'avant garde, le connestable, et bien trois mille lances s'arrestèrent tout outre *à l'opposite de* l'ost du roi. *Fr. II, II, 212* (Littré, éd. Buchon).

En face de, que j'ai relevé seulement dans un emploi figuré :

tu me dois espouser *en face de* sainte esglise. *Sages. 155.*

9. — AUTOUR

Les prépositions *environ* et *entour* sont encore très fréquentes, mais vers la fin de cette période les écrivains leur préfèrent les locutions *à l'environ de*, *à l'entour de, autour de*.

Environ.

la. 4. lieure est faite o une longue fascie qui n'a que un seul chief, la quel est mise *environ* la jambe. *Mondev. 1595.*

il vit à merveille grant nombre de gens en suaires *environ* elle. *Chev. 8.*

l'en doit quérir les perdris... *environ* les gerbes qui sont demourées aux champs. *Mén. II, 306.*

il assembla son armée *environ* Louvain. *Com. I, 105.*

Environ de.

tant d'ennemys logez de tous coustez *environ de* luy. *Com. I, 386.*

le mareschal Joachin... estoit tousjours *envyron de* luy, *id.* I, *16.*

A l'environ de.

et va tant *à l'environ de* la dicte nasse qu'il trouve l'entrée, *Joyes, 3 (J).*

et aloit tout *à l'environ de* l'ost. *Com. I, 379.*

ces seigneurs *à l'environ d'*elle, *id. I, 427.*

à l'environ de ladite cité y a bien soixante et dix monasteres. *id. II, 207.*

Entour.

et *entour* cele maison avoit un grant estre clos de très haut mur. *Ass.* 4.

L'un des seigneurs qui estoit *entour* le Roy. *Mén. I, 138.*

et s'en vinrent sus les camps, *entour* le mont de Castres, *Fr. II,19,3.*

... entortiller le pendant de sa sainture *entour* ses dois. *Sa 9.*

Entour de.

je regarde les montaignes qui sont *entour de* vous. *Tr. 284.*

A l'entour de.

... la cheminée, *à l'entour de* laquelle elle lya très bien une moyenne corde. *C. N. N. I, 253.*

ilz paierent trente mil florins audit duc, et six mil pour ceulx qui estoient *à l'entour de* luy. *Com. I, 124.*

Je le servy l'espace de quinze jours à table et *à l'entour de* sa personne. *id. II, 41.*

Autour de

et adonc mettez de celle boulie dedans l'escuelle en commençant ou milieu, et laissiez filer tout *autour de* la paelle. *Mén. II, 226.*

et s'en vinrent logier sus la rivière de Selles *autour dou* Chastiel en Cambresis. *Fr. II, 195.*

car ils ne veoient point lonch ne *autour de* euls. *id. 245.*

Et de là s'en vindrent mettre *autour de* Paris. *Mich. 74.*

10. — AU DEHORS

Dès la plus ancienne époque *fors* (1) ne s'employait que dans un sens figuré ; il en est de même dans le moyen français. Au contraire la forme équi-

1. Cf. Boeddeker, p. 200.

valente *hors* prend quelquefois une valeur concrète ;
cet usage paraît avoir été inconnu à la vieille langue.
Les formes les plus fréquentes sont *hors de*, qui est
l'expression ordinaire de la langue moderne, et *dehors* qui s'est conservé comme préposition jusqu'au
xvii° siècle (1) ; à cette époque son emploi a été
soumis aux mêmes règles que celui de *dedans*
(v. p. 32). On trouve aussi quelques exemples de *fors
de* et *dehors de*.

Hors.

et puis, comment Enguerrant fut au devant de luy *hors* la ville
l'espace d'une lieue. *Sa. 101*.

et luy fut faict par ceulx de la ville une saillie aux champs, pour
mettre *hors* la ville ou dedans gens à son plaisir. *Com. I, 125*.

et demoura deux jours *hors* la ville. *id. II, 163*.

Fors de.

nous getons *fuer de* lour subjection et dure servitude. *Ps. II, 3.*

Sire, tu as mon arme retraite *fuer* d'enfer. *id. XXIX, 3.*

Hors de.

li contes de Namur fu si consilliés que il mist *hors de* sa terre
son oncle. *Fr. I, 101, 22.*

assez i ot de noz genz qui traistrent leur chevaux *horz des* nes
par grant peril. *Sar. 590.*

il a une levrière que il aime à merveilles... ne ne souffreroit pas
que nul de ses varlès la chassast *hors du* feu. *Mén. I, 160.*

Dehors.

lour heberge estoit *dehors* l'ost. *Joinv. 512.*

Rogier funda *dehors* la vylle de Salobure une abbeye de Seynt
Piere. *Foulq. 17.*

et de ce qui sera le plus tendre qui croistra *dehors* terre. *Mén.
II, 138.*

1. Cf. Vaugelas, I, 217.

une petite forte maison, *dehors* Cambrai, qui s'appelloit Retenghes. *Fr.I, 190,25*.

Dehors de.

et vous prie que tant que je seray *dehors de* vous, ne vueillez point prendré d'autre damme. *Tr. 240*.
dehors de mon palaix j'ay desja esté long temps adveugle. *Sages, 99*.

Remarque. — Estre, du latin *extra*, est encore employé au sens figuré dans *Foulques Fitz Warin*(1), mais je n'ai trouvé aucun exemple de son emploi au sens concret.

11. — PROXIMITÉ

Grâce à la survivance de plusieurs prépositions de la vieille langue qui faisaient double emploi entre elles et qui ont disparu dans la langue moderne, le choix des termes qui marquaient une proximité de lieu était très riche dans le moyen français.

Contre et encontre.

A côté de *contre*, qui indique encore ce rapport dans la langue actuelle, on employait aussi la forme *encontre*.

la pointe de son espée *contre* son estomac. *Tr. 230*.
car il avoient fait un grant feu *contre* le porte. *Fr. II, 47*.
... l'espoia (sc. le serpent) *encontre* terre a 1 dart. *Sar. 578*.
approchasmes jusques *encontre* la cité. *Joinv.* (Lacurne).
mès il aroit ançois parlé à tous ces aultres signeurs et leur prieroit qu'il volsissent estre à Hallé, ou à Destre, *encontre* lui. *Fr. I, 142,7*.

1. Cf. ci-dessous, chap. vi.

Rez à rez et Rasibus de.

La locution *rez à rez*, (latin *rasam,*) qui existait déjà dans l'ancienne langue (1), s'est conservée encore dans le moyen français, mais, elle paraît avoir disparu avant l'époque de Oudin, qui déclare qu'elle n'est pas en sa connaissance (2).

> il convient coupper le tuyau *rez à rez* de terre. *Mén. II, 46.*
> laquelle fu tantost abatue *réz à réz* de terre. *Fr. II, 240.*

D'autre part, *rasibus de* semble avoir été créé pendant la période qui nous occupe. Le *Dictionnaire général* explique sa formation en le faisant dériver de *ras*, « lequel a été affublé plaisamment de la désinence de certains ablatifs pluriels latins ». En effet *rasibus* est employé pour la première fois comme adverbe dans un récit leste des *Cent Nouvelles nouvelles* (3) ; il est à remarquer cependant que déjà à l'époque de Commines la locution n'a aucunement un caractère plaisant.

> Mais eulx estoient *rasibus de* la ville et dedans. *Com. II, 253.*
> car toute l'armée passa *rasibus de* la porte dudit Tortonne. *id. II, 295.*

Joignant.

Le moyen français a encore créé l'expression *joignant* qui dérive du participe présent de *joindre*. Renzenbrink (p. 58) ne cite pas d'exemples de cette

1. Cf. Bartsch, 39, 492.
2. Cf. Brunot, *H. L.*, III, 382.
3. Cf. *C. N. N.*, II, p. 80.

locution antérieurs au xvie siècle et il réfute l'affirmation de Nehry qui la fait remonter au xiiie en se
basant sur des exemples donnés par Littré : dans
ceux-ci *joignant* n'est pas employé comme préposition. L'expression se trouve déjà dans les *Documents
Parisiens* sous les formes *joignant à* et *joignant de*.

> une place vuide *joingnant* aus murs des hales. *Doc. 102* (1331).
> le tiers d'une autre maison qui est *joignant* de l'autre, *id. 31,
> (1328)*.
> puis fendez-lui la gueule parmy le menton, id est *joignant* du
> baulièvre. *Mén. II, 192*.
> si fist le chevalier illec faire ung apentis droit *joingnant* la
> tour. *Sages, 45*.

Vers *et ses composés* (1).

Vers, envers, devers et *par devers* étaient également employés dans le moyen français pour marquer
un rapport de proximité, mais on peut déjà constater quelques différences entre ces diverses formes.

Tandis que *vers* et *devers* indiquaient des rapports
concrets, il n'en est pas de même de *envers*. De
l'emploi de ce dernier avec cette valeur je n'ai relevé
aucun exemple dans la prose et Reyelt n'en cite
qu'un seul tiré de la poésie. De plus, les rapports
abstraits étaient exprimés le plus souvent au moyen
de *vers* et *envers*, mais la distinction est moins nette
que dans le premier cas, car, bien que Reyelt affirme
qu'il n'a relevé aucun exemple de *devers* au sens
abstrait entre le commencement du xiie siècle et la
fin du xive, on en trouve cependant, dans Nicole
Oresme, dans *Le Ménagier de Paris* et dans Le

1. Cf. Reyelt, pp. 9, 26, 49.

Chevalier de la Tour Landry ; du reste des auteurs un peu plus récents, notamment Froissart, emploient presque aussi fréquemment *devers* que *vers* et *envers*. Néanmoins, malgré ces exceptions, il y a une tendance incontestable à préférer *vers* et *devers* pour des rapports concrets et *vers* et *envers* pour des rapports abstraits, tendance qu'on remarquera également dans les rapports de direction (p. 77).

Au sens concret.

Vers.

les unes ont l'extremité du fer creuse *vers* le fust. *Mondev. 598.*
depuis les oreilles jusques *vers* les espaules. *Mén. II, 152.*
si je me treuve *vers* elle. *C. N. N. I, 184.*
j'aymasse mieulx estre *vers* luy. *id. I, 247.*
le premier sage après qu'il heust audience *ver* le roy. *Sages, 129.*
et, peu de jours après, fut à Casalz, *vers* la marquise de Mont-ferrat. *Com. II, 134.*

Devers

les frontières du pays *devers* Escoce. *J. le B. 34.*
elle et les autres femmes d'iceulx prisonniers estoient chascun jour *devers* les seigneurs, plourans et agenoillans. *Mén. I, 138.*
le certain jour que li rois d'Engleterre devoit estre *devers* lui. *Fr. 1, 93,16.*
ung jour se trouva la mère à nostre espousée *devers* sa fille. *C. N. N. I, 108.*
son mary estoit en la ville et, à cest cop *devers* les médicins et apothicaires. *C. N. N. II, 6.*
comment le petit Saintré fut *devers* le roy. *Sa 81.*
ung chevalier de Henault, estoit arrivé là, *devers* moy. *Com. I, 406.*

Remarque. — Au xviie siècle *devers* était encore employé pour indiquer la proximité alors même qu'il ne pouvait plus marquer un rapport de direction. Cf. Vaugelas, I, 285.

Par devers s'emploie encore dans ce sens devant un nom de personne dans la langue moderne (1).

affaitiez *par devers* le dos, au dessoubs de l'oreille. *Mén. II, 202.*
li Sarrazin fesoient faire caves en terre *par devers* lour ost. *Joinv. 195.*
et li cuen de Poitiers, et nous de Champaigne, garderiens l'ost *par devers* Damiete, *id. 200.*
et chacierent les Turcs qui s'enfuioient devant aus... jusques aus chans *par devers* Babiloine, *id. 219.*
car vous demorrés deça *par devers* ma dame. *Fr. II, 150,31.*

Envers.

Envers les fossés sur le tart. *Villon. P. T. 189,* (Reyelt).

Au sens abstrait.

Vers.

pour cause de ce péchié... il ne fera jamais bien qui ne lui soit estaint *vers* Dieu. *Mén. I, 25.*
et pourtant je vous requier que soyez mon moyen *vers* ce cardinal que je le serve. *C. N. N. I, 262.*
ambassadeurs qu'il avoit *vers* les Suysses. *Com. I, 381.*

Devers.

Car se seroit cause de moult grant faulseté et *devers* le prince estrange juste cause de l'assaillir et luy défendre par bataille. *Or. 19.*
et m'a telement tourblet *devers* le roy. *Fr. I, 17. 2.*
car, cilz messires Hues li Despensiers croissoit tousjours en poissance et en amour *devers* le roy. *id. I, 17, 26.*
dont il acquisent grant grasce *devers* le roy et les barons d'Engleterre. *id. I, 112, 17.*

Remarque. — Dans l'exemple suivant *devers* indique une couleur approximative (1).

limandes... ont l'oreille *devers* le blanc. *Mén. II, 202.*

1. Voir aussi chap. VIII.
1. Cf. *sur*, p. 59.

Par devers.

les gens de son ostel luy firent nuysance *par devers* son seigneur. *Chev. 133.*

avec ce feront toute leur puissance et devoir *par devers* leurs
parens et amis. *Mons.* (Reyelt).

Notons enfin les expressions :

faire envers, devers, par devers une personne (1) :

et par leur couvertes et secrètes machinations firent tant *envers*
eulz par vaines promesses... que il les amenèrent à faire conspi-
racion contre le roy de Secile. *Prim. 3o. F.*

et avec ce fist tant *devers* le Roy et ceulx du grant conseil que
les chaynes... furent rendues aus Parisiens. *Mons* (W.).

mais (sc. elle) dist au messaige que pour l'amour de Dieu il feist
par devers ceulx qui gardoient son mary en la prison qu'elle veist
son mary et qu'elle parlast à luy. *Mén. I, 138.*

s'excuser vers, devers une personne (2).

je me escusai *vers* li pour une quartaine que j'avoie lors. *Joinv.
730.*

li contes de Namur s'estoit esqusés *deviers* le conte de Hainnau.
Fr. II, 232.

madame m'envoie encores icy s'excuser *devers* vous. *C. N. N.
I, 248.*

accuser qqn. vers, envers qqn.

qui lui fit copper le haterel pour aulcunes raisons dont il fut
accusé *vers* lui. *Mons.* (W.).

car il en fu accusé de celle honneur qu'il faisoit as Englès
enviers le roy de France. *Fr. I, 120, 11.*

exploiter devers qqn.

et esploitièrent si bien *devers* yaus que... *Fr. I, 125, 26.*

mériter, desservir, vers, envers, devers qqn.

je n'ay pas *vers* vous mérité tant seulement ung seul regard.

1. Cf. *faire à qqn.*, p. 27.
2. Cf. *s'excuser à qqn.*, p. 27.

Tr. 162.

et pour sçavoir se ilz avoient nul bien deservy *envers* Dieu.
Chev. 266.

je ne suis pas celle qui ay ce bracelet gaigné, ne desservy
envers luy. *Sa. 125*.

... lui sembloit qu'il n'avoit riens desservy *devers* Dieu. *Chev.*
267.

Jouste et Lez.

Le moyen français se servait encore des vieilles
prépositions *jouste* et *lez* et de leurs composés *dejouste* et *dalez*. Déjà dans l'ancienne langue la valeur
de la première particule s'était perdue (1) et il n'existe
aucune distinction entre les formes simples et les
formes composées à l'époque qui nous occupe. Bien
que ces deux prépositions deviennent plus rares vers
la fin du xv⁰ siècle, on les retrouve encore au siècle
suivant (2), et *lez* a subsisté jusqu'à nos jours dans
des noms de lieu : Plessis-les-Tours, etc.

Jouste.

se ulcere ancianne ne puisse estre autrement curee, chose profitable est fere nouvele ulcere *jouste* icele. *Mondev.* 1531.

il detint ce joeune roy d'Escose et la royne *jouxte* luy. *J. le B. 145.*

Il y en a la plus grant partie qui... ne se povent partir de *jouste*
leurs femmes. *Joyes.* (*J.*), *112*.

Dejouste.

e vist *dejouste* ly William le fitz Waryn. *Foulq. 101.*

Lez.

une eschalle que ung couvreur avoit laissée *lez* son ouvrage.
C. N. N. I, 253.

Sainct Anthoine des Champs *lez* Paris. *Chart.* (*E.*).

1. Cf. Michael, p. 14.
2. Brunot, *H. L.*, II, 381 et III, 381.

Delez.

quar yl s'en vet fuaant e desconfitz. e prent sa voie *delées* la ryvere de Temede. *Foulq. 3o.*

une dame estoit qui avoit son habergement *delez* l'esglise. *Chev. 70.*

ilz assemblerent à bataille *delez* le Mont. *Ch. 11,5.*

se li couvint il vuidier France, et venir à Namur *dalès* le jone conte Jehan, son neveu. *Fr. I, 100, 3o.*

ma belle suer, vous demorrés *dalès* nous. *id. I, 17,13.*

Coste.

Coste, couste paraît le plus souvent sous les formes composées *encoste* et *decoste* ; chez Commines on trouve aussi la locution *au costé de.*

Couste.

qui *couste* moi sommeilloit. *Chart. (E.).*

Encoste.

mangoit *encoste* cele table la royne Blanche. *Joinv. 95.*

mes sires Guis d'Ybelin s'agenoilla *encoste* moy. *id. 355.*

...faire leurs gistes et leur lit dessoubs ou *en coste* la perche. *Mén. II, 281.*

D'encoste.

il fist toute l'ost là endroit arrester en uns blés... *d'encoste* une blanche abbeye. *Fr. 1, 63.*

d'encoste le roi estoient li contes Henri Derbi... *id. II, 222*

Decoste.

il et sui chevalier saillirent de la galie moult bien armée... et se vinrent arrangier *decoste* nous. *Joinv. 159.*

il ala demourer en la terre de Canaen *de coste* Bétel. *Mén. 1, 80.*

Au costé de :

le duc de Cleves *au costé* d'elle. *Com. 1, 409.*

Près et ses composés.

À côté de la forme *emprès,* qui était la plus habituelle dans la vieille langue et qui se retrouve encore au xvıᵉ siècle (1), le moyen français employait également *près, près de, près à, près en.* Les premiers exemples de la locution *auprès de* datent de la fin du xıvᵉ siècle.

Près.

> le galant se tient *pres* la fillette. *Joyes. 69 (H.).*
> la royne qui venoit *pres* lui. *Sa. 83.*
> au chasteau de Rouvre *près* Dijon. *Com. I, 365.*
> et me conduyrent jusques *près* la ville, *id. II, 207.*

Près de.

> et entrues ordonnoient li François leurs batailles sus le mont de Chastres *près* de Valenchiènes. *Fr. II, 15, 1.*
> aucunes de vos parentes *près* de vous. *Mén. I, 3.*

Près à.

> quant li François eurent tant chevauciet qu'il furent *priés au* pont. *Fr. II, 74, 21.*

Près en, que j'ai rencontré seulement dans l'expression suivante :

> qui estoit *pres en* l'aage de xc ans. *J. le B. 17.*
> Hues li Despensiers, li pères, qui estoit *priés en* l'eage de quatre vins et dis ans. *Fr. I, 28, 20.*

Emprès.

> en la parfin il se arrestèrent *empres* la cité de Bonivent. *Prim. 26. E.*
> les gens d'un chastel qui estoit à quatre lieues d'illec, *emprès* Romme. *Mén. I, 70.*

1. Brunot, *H. L,* II, 380.

ilz sen vont soupper et tousjours mectent le galant *empres* la damoyselle. *Joyes.* (*H.*), *70*.
elle estoit lors couchée *emprès* son mary qui dormoit. *Sages, 18*.

D'emprès.

à quel propos vous la tenez tant *d'emprès* vous. *C.N.N.I, 272*.
ainsi mourut de faim *dempres* son or. *Or. 9*.

Emprés de.

si aray *emprès de* moy ung grand seau d'eaue. *C. N. N. I, 236*.

Après.

Cet usage se rencontre seulement pendant la première moitié du XIVᵉ siècle :

eles (sc. les ulcères) sont *a pres* les caneaus des ordures. *Mondev. 1520*.
se logia *après* de l'ost du soudan. *Hay. III, 39*. var. *près*.
et en la destre partie de cel estre estoit une fontaine vive et *après* la fontaine une citerne qui recevoit l'yaue. *Ass. 4*.
et pour ce que les François ne povoient outre passer il s'arestèrent un pou par deça de fleuve, *après* un pont de fust qui estoit sus le fleuve. *Prim. 32 (E.)*.

Auprès, auprés de :

vn cheualier *d'auprès* Paris. *Chart. E.*
se assidrent l'un *aupres de* l'autre. *Tr. 255*.
et nous convient passer si *auprièns de* leur ville que... *Fr. II, 192*.
sa lance rompit *aupres de* la douelle. *Sa. 111*.
ilz ont la pasture *aupres* deulx dedens la nasse. *Joyes (H.), 7*.
une petite abbaye qui est *auprès* d'une des portes. *Com. I, 115*.

Sur.

La préposition *sur* a servi de tout temps à exprimer le rapport de proximité lorsqu'il s'agit de la situation au bord d'une rivière ou de la mer, et cet emploi ne donne lieu à aucune remarque ici. Cependant, les expressions suivantes où *sur* indique une couleur ou une forme opproximative ne se trouveraient plus dans la langue moderne, bien qu'on dise toujours « tirer sur » dans ce sens.

et du saffren deffait de vertjus, et soit *sur* le jaune et liant. *Mén. II, 166.*

et soit plus *sur* le jaune que *sur* le brun. *id. II, 169.*

Aucuns y mettent du saffran, car il doit estre *sur* jaune couleur. *id. II, 211.*

le mouschet a la teste et le becq *sur* le rond, et l'esprevier *sur* le long. *id. II, 287.*

Environ.

L'emploi de *environ* comme préposition, qui se trouve encore au xvii° siècle (1) est maintenant vieilli.

et sist à table de marbre, *environ* le milieu d'ycelle. *Mons. V. 5 (W.).*

comme j'ay ja dict *envyron* le commencement de ces Memoires. *Com. I, 384.*

Endroit.

De l'emploi de *endroit* dans un sens concret je n'ai relevé aucun exemple plus récent que la fin du xiv° siècle.

et aussy a le jeune cerf les deux os qui sont *en droit* la jointe du pied au-dessus du tallon, plus larges et plus couverts que n'a une biche. *Mod. 7.*

(l'esprevier)... qui ait... grant ouverture *endroit* le bouel. *Mén. II, 294.*

et (se) vous véez que pour ce faire vostre esprevier ait la teste d'aucunes de ses plumes quassées, si la moulliez tantost de vostre salive *endroit* la quasseure. *id. II, 302.*

Entour.

Enfin, on pouvait indiquer un nombre approximatif au moyen de la préposition *entour :*

1. Haase, xvii° *siècle*, p. 383.

li diz cuens de Champaingne donna à la royne de Cypre *entour* dous mille livrées de terre. *Joinv. 86.*

Sur ce s'assemblèrent du royaume de Turquesten *entour* cinquante millie homes. *Hay. II, 3,*

12. — ACCOMPAGNEMENT

Ce rapport, qui se rattache à celui de proximité, s'exprimait dans le moyen français par *à* souvent renforcé par l'adjectif *tout*, et par *o* ou *od, ensemble, quant et* et *avec*. De toutes ces expressions la dernière seule s'est conservée dans la langue moderne.

A.

... s'enfuit ledit roy d'Angleterre *à* moult poy de ses gens. *J. le B. 6.*

tout cil signeur vinrent servir le roy de France, *à* ce qu'il peurent avoir de gens. *Fr. II, 55, 17.*

lequel y vint *à* très belle compaignie. *Mons. II, 171 (W.)*

et monsr de Lorraine, qui y arriva *à* peu de gens. *Com. I, 361.*

le sire de Helly qui estoit *à* grand puissance de gens oudit pays. *Chart. (E.)*

On remarquera aussi l'emploi de cette préposition après le verbe *accompagner :*

à nul mary ne se voult *accompaignier. Sa. 5.*

je dy que tous vrays amoureux qui pour acquerir la tres desirée grace de leurs tres belles dames, fuient... ce pechié d'ire, et se *acompagne à* celle tres amoureuse vertu de pascience. *id. 20.*

ne t'*acompaigne* en voye *à* nulle personne se tu ne la congnois devant. *Mén. I, 208.*

Atout (1).

mettre les fèves *à toute* l'escorce en un pot au feu. *Mén. II, 138.*

· et tout dis se tenoit messires Loeis d'Espagne sus le mer *à tout* ses Espagnols et ses Geneuois. *Fr. III, 17, 18.*

1. *Atout* s'emploiera encore dans ce sens au xvi⁰ siècle. Cf. Brunot, *H. L.* II, 381.

qui m'avez laissée l'espace de cinq ans à *tout* ung grant tas de petiz enfans. *C. N. N. I, 265.*

Adonc sen va *atout* son brouet. *Joyes. 22 (H).*

O, O (1).

O, od, devient de plus en plus rare, bien qu'on en trouve encore quelques exemples au xvi⁰ siècle (2).

Sa disparition est probablement due à sa forme monosyllabique qui prêtait à une confusion trop facile avec *à ;* du reste, ces deux prépositions avaient un sens presque identique, ce qui rendait l'emploi de *o* superflu.

et *o* toutes les choses devant dites je mousterai ce que je ai peu assembler par experrience. *Mondev. 14.*

car le dit chevetaine, *ou* les Xm Tartars, entra en la terre d'Aise. *Hay. III, 9.*

et se partirent de Boulongne *o* tout leur arroi. *Fr. I, 15. 15.*

et fist tant *o* toute se route que... *Id. I, 95. 4.*

on auroit trop affaire, qui vouldroit estre toujours *o* vous. *Joyes (J.), 88.*

O est plus résistant dans les textes normands où l'on rencontre aussi la forme *d'o*.

et le Mont Saint Michiel et Chierbourg, qui tousjours avoient tenu *d'o* le roy. *Mich. 79.*

Ensemble.

Ensemble, qui était employé comme préposition dans la vieille langue (3) conserve cette fonction pendant toute cette période (4).

ils se mirent à la voie d'aller à la court monseigneur Mellibée, *ensemble* leurs femmes et aucuns de leurs amis loyaulx. *Mén. I, 232.*

1. Cf. Raithel, p. 5.
2. Graefenberg, p. 116.
3. Cf. « et li vaslez *ansamble* lui. » *Perceval* (Bartsch, 35, 335).
4. Cf. Huguet, 285.

quant il vit la table chargée de vins et de grandes viandes, *ensemble* le beau baing très bien paré. *C. N. N. 1, 4.*

Quant et.

A part un seul passage que Godefroy a relevé dans la *Mort Aymeri de Narbonne* (fin du xii⁰ siè·cle), je n'ai rencontré aucun exemple de cette locution antérieur au xv⁰ siècle. Quant à sa formation, il est probable, puisque *quant* s'employait seul dans ce sens (1), qu'il s'agit d'une construction elliptique où la conjonction avait à l'origine une valeur purement temporelle; cf. Leroux de Lincy, *Livre des Proverbes,* II, 112 (xv⁰ siècle) : L'argent *quant (en même temps que)* l'orge (Godef.). Comme *et* était usité dans le même sens il est possible qu'il y ait eu une combinaison des deux constructions analogue à celle qui se serait produite pour *de* et *par* dans l'expression d'un rapport d'agent, (2) et pour *de* et *que* dans des locutions telles que : « c'est peu de chose *que du* peuple » (3).

grand partie des notables, tous en armes, l'atendirent en passant, luy offrant aller *quant et* luy. *Com.* I, 122.

le Roy descendit en terre avecques les dessusdis qui estoient *quant et* luy. *id.* I, 80.

et emmena *quant et* luy le confesseur du duc de Guyenne. *id.* I, 247.

On employait aussi, par un redoublement assez curieux, l'expression : *quant et quant.*

1. On peut remarquer que dans quelques parties de la France on emploie encore des expressions telles que : « ils sont venus l'un *quand* l'autre. »

2. Chap. iv.

3. Chap. xiv.

mais tost luy en vint le dommaige et *quant et quant* la repentance. *Com.* I, 74.

Avec.

Avec a marqué un rapport d'accompagnement depuis les origines et ne donne lieu à aucune remarque ici (1).

toute fois que douleur est *ovec* ulceration ou aillours. *Mondev.* 1503.

(il) logea la mère *avecques* de bonnes gens. *C. N. N.* I, 121.

et *avoecques* yaus vinrent gens pour gaegnier. *Fr.* I, 62, 2.

13. — AU DELA et EN DEÇA

Outre.

La première de ces idées s'exprimait dans la vieille langue au moyen de la préposition *outre*, conformément à l'étymologie. Cet emploi de *outre* dans un sens concret s'est conservé jusqu'au XVII° siècle (2), et subsiste encore dans quelques expressions qui sont devenues des composés : outre-mer, outre-Rhin.

Signour, je m'en voi *outre* mer. *Joinv. III.*

et quant les anemis furent assemblés *outre* le fleuve. *Prim. 32. E.*

si le fery de le poyn qu'il chay *outre* bord en my la mer. *Foulq. 102.*

un homme... me vient dire adieu et dit qu'il s'en va *oultre*-mer et me dit telles paroles. *Mén. I, 132.*

puis passèrent *oultre* le ditte rivière à gués. *Fr. I. 57, 20.*

ou a l'advanture il va *oultre* mer en quelque armée. *Joyes, 75 (H.).*

et chevaucherent jusques *oultre* Chartres. *Chart. (E.).*

Delà (2).

L'ancienne langue se servait également de la pré-

1. Cf. Renzenbrink, p. 25.
2. Cf. Horbach, p. 158 et Haase, *XVII° siècle*, p. 372.

position *delà*, qu'on a remplacée dans la langue
moderne par la locution *au delà de* :

les gens du duc, qui estoient *delà* le pont. *Mons. (W.)*.
dela la riviere de Rille. *Chart. (E.)*.
veu la force du Roy *delà* les mons. *Com. II, 313*.

Deçà (1).

Deçà de même fait place à la locution prépositive
en deçà de.

pour despens que l'on feist en cel host, ne autres *de çà* mer ne
de là. *Joinv. 105*.
ses voisins, qui estoient *deçà* le flum Phison. *Hay. II, 3*.
ilz sont quatre roys *de çà* la mer. *Chev. 25*.
quant ilz seroient *deça* la mer. *Com. I, 326*.
son nom et ses armes estoient *deça* la Somme. *id. I, 417*.

14. — LE LONG DE

A côté de la locution *le long de* le moyen français
se servait de *au long de*, *du long de*, mais je n'ai
relevé aucun exemple de la préposition *lonc*, qui
s'employait dans le même sens dans l'ancienne
langue (2). Le même rapport s'exprimait aussi au
moyen de *selon*, dont l'emploi ne s'était pas encore
restreint aux rapports figurés (3) ; ni Godefroy ni
Littré ne donnent d'exemples de ce dernier usage
qui soient plus récents que le xv⁰ siècle.

Le long de.

(le Canal Grant)... va *le long de* la ville. *Com. II, 208*.

1. Cf. Haase, *XVII⁰ siècle*, p. 391.
2. Cf. Bartsch, 63 *b*,4 : en pou d'oure ôi une voix serie *lonc* un vert
bouset, pres d'une abïete.
3. Chap. VI.

Au long de :

tu lui mettes les cornes *au long du* corps et le tournes à l'envers, les quatre piedz contremont. *Mod. 21.*

l'enfant fît monter Cathonnet sur un cheval et l'emmena *au long* des rues. *Chev. 285.*

au long des tables n'y avoit dame ne damoiselle qui ne print le sien. *Sa. 159.*

Tout *au long du* chemin ne faisoit ledict conte nulles guerres. *Com. 1, 17.*

du long de.

comme le chevalier... se pourmenast à l'environ de son hostel et *du long de* la rivière. *C. N. N. I, 16.*

ung endroit *du long de* la riviere. *Com, 405.*

Selon :

le regnard aloit *selon* les rives d'une riviere. *Mod. 67.*

chascun s'en ala loger *selon* celle rivière. *J. le B. 53.*

il les fist logier contreval ces biaus prés, *selonch* le rivière, en tentes et en très. *Fr. I, 152, 14.*

biaus oncles, montés à cheval, et chevaucherés *selonch* ceste rivière. *id. II, 32, 7.*

et s'en ala de là loger *selon* une petite rivière assez près de Miraumont. *Mons. III, 18 (W.).*

15. — POINT DE DÉPART

Dès.

La préposition *dès*, qui s'emploie rarement aujourd'hui sauf dans l'expression des rapports de temps, servait dans le moyen français, comme dans l'ancienne langue, à marquer le lieu, fonction qu'elle a cédée aux prépositions *de* et *depuis* (1).

et fist rangier ses batailles *dès* l'un des fleuves jusques à l'autre. *Joinv. 200.*

dès l'une mer jusques à l'autre, *id. 517.*

1. Cf. Renzenbrink, p. 18, et Michael, p. 7.

il se logierent illeucques *des* le flun du Nil jusques au flun de Thannis. *Sar. 598.*

telle dame debvroit estre despouillée toute nue *des* la sainture en amont. *Sa. 279.*

dès les piés jusques à la teste. *Mén. I, 106.*

Et il ait *dès* sou sainct temple ma voix oyt et escouteit. *Ps. XVII, 8.*

II

RAPPORTS DE LIEU (DIRECTION)

Dans la vieille langue les mêmes prépositions servaient à l'expression de tous les aspects de la direction, qu'il s'agit de rapports concrets ou de rapports
abstraits, de la direction simple ou de la direction
accompagnée d'une idée adversative. Cet usage se
conserva dans l'ensemble en moyen français ; on
remarque cependant une tendance à restreindre l'emploi de certaines prépositions soit aux rapports concrets ou abstraits, soit aux rapports adversatifs.
D'autre part, les prépositions qui marquaient le but
s'employaient encore indifféremment les unes pour
les autres.

1. DIRECTION AU SENS CONCRET

A.

La préposition *A* a servi de tout temps pour indiquer un rapport de direction, dans un sens concret
et figuré.

Dans le moyen français son emploi au sens concret offre très peu de particularités ; on observera
cependant les expressions suivantes :

entrer à

> vint un jour que le bourgoys entra *au* vergier. *Sages. 72.*
> en entrant *à* ladite Eglise. *Chart.* (*E.*)

se mettre à chemin.

> si se mirent la royne et tous ces barons... *à* chemin. *J. le B. 17.*
> elles se mectent *au* chemin. *Joyes. 16* (*H.*).

approcher à qqn.

> la doubte...les esmeut à enquerir de l'ouvrier... et à approchier *à* celuy. *Chart.* (*E*).
> en lui suppliant que nous peussions approchier *à* sa personne. *Mons. III, 222* (*W.*).

tirer à

> il tira *à* Dorlens avecques quatre ou cinq cens chevaulx. *Com. I, 181.*
> et tirasmes droit *au* Roy. *id. II, 280.*

A marque également la direction lorsqu'il est employé comme élément des composés *amont, aval,* qui ont disparu de la langue au xvii° siècle (1).

> un cerf vaincu fuit volontiers *aval* le vent. *Mod. 19.*
> il voloit aler *aval* le rue. *Fr. I, 127. 27.*
> tenir ne se peurent que l'eaue de leurs tres dolans ceurs ne saillit par les yeux *aval* leur face *Sa. 127.*
> et monta *amont* son eschelle. *C. N. N. I, 255.*

En.

En ce qui concerne l'emploi de *en* exprimant un tel rapport, on remarque que l'usage du moyen francais, soit en vertu de la tradition, soit sous l'influence des traducteurs, était beaucoup plus près de l'usage latin que celui de la langue moderne. En latin *in* pouvait marquer aussi bien la direction et la situation, mais les deux emplois se distinguaient nettement :

1. Brunot, *H. L.*, III, 377.

on exprimait la direction en mettant le complé·
ment à l'accusatif, et l'ablatif servait pour exprimer la situation. Lorsqu'en français *en* pouvait s'employer dans les deux acceptions du latin *in*, la
langue ne possédait plus les flexions casuelles pour
différencier les deux cas, et c'est probablement à
cause de cette difficulté qu'il y a eu dans la langue
moderne une tendance à restreindre l'emploi de *en*
exprimant un rapport de direction à l'avantage
d'autres prépositions comme *à* et *vers*.

En premier lieu, l'ancienne langue se servait de *en*
pour indiquer un mouvement qui aboutit à la surface d'un objet (1), emploi qui correspond à celui qu'on
a déjà étudié dans les rapports de situation (2).

Johan le refery *en* la teste. *Foulq. 57.*
yl leva son bastoun, si fery un rybaud *en* la teste. *id. 67.*
fleur cheue *en* terre est tantost fletrie. *Tr. 292.*
elle se gecta *en* terre en demendant misericorde et pardon a
l'empereur. *Sages, 199.*

Remarquons aussi l'expression *monter en mer*, au
sens d'*embarquer*, qui est très fréquente chez les
chroniqueurs.

... entrèrent es nes et monterent *en* mer. *Sar. 571.*
et montèrent là *en* mer. *Fr. I, 134, 9.*
quant ilz entrarent *en* mer. *J. le B. 24.*
et monta *en* mer la ditte damoiselle Phelippe de Haynau à Wis-
sant. *Fr. I, 76, 10.*

Voici d'autres exemples de *en* employé dans un
rapport de direction, au sens concret ;

pour savoir quel voie il tenroit, ou *en* Alixandrie ou *en* Babiloine. *Joinv. 183.*

1. Cf. Gerdau, p. 72.
2. Voir ci-dessus, p. 37.

La où les neis arriveroient qui aporteroient les viandes *en* l'ost. *Joinv. 183.*

tournez ung pou *en* ça vos justes yeulx. *Tr. 299.*

et eurent sy grant honte qu'elles bessoient les te*x*tes *en* terre. *Chev. 99.*

On doit savoir que... madame Jehane de Valois... travilloit durement de l'une host *en* l'autre. *Fr. II, 80, 11.*

Si regarda *en* la mer un petit apriès solel levant. *id. II, 371.*

s'en partirent pour tirer *en* pays ou ils peussent trouuer des uiures. *Chart. (E.).*

l'autre fois va à vingt ou à XXX lieues à une assise ou *en* parlement. *Joyes. 33. (J.).*

Le Roy deliberoit de tirer en diligence jusques *en* Ast, ou *es* terres de la marquise de Monferrat. *Com. II, 290.*

Plusieurs allées et venues se firent de nous *en* leur ostz et des eurs au nostre. *id. II, 321.*

Vers, envers, devers.

Dans le moyen français les prépositions *vers*, *envers*, *devers* et *par devers* marquaient toutes un rapport de direction, mais, de même que dans le rapport de proximité,(1) dès cette époque on peut observer quelques distinctions dans l'emploi de ces quatre formes.

Vers a exprimé la direction, au sens concret, avec ou sans mouvement, depuis les origines de la langue jusqu'à nos jours (2), mais *envers*, que la vieille langue employait aussi couramment dans l'expression des rapports concrets, a rarement cette valeur dans les textes du moyen français ; cependant, c'est à tort que Reyell affirme qu'il disparaît dans ce sens au cours du xv° siècle (3), car on en trouve encore des

1. Voir ci-dessus, p. 52.
2. Cf. Reyelt, p. 3.
3. *Id.*, p. 23.

exemples dans Commines. La forme *devers* se rencontre de temps en temps avec une valeur propre,
mais le plus souvent elle est employée comme synonyme du simple *vers*, usage qui date des anciens
textes (1). *Par devers* a le même sens que *devers* ;
ainsi qu'on le verra plus loin, ces deux formes exprimaient surtout des rapports concrets.

Envers.

envers l'ost des Greux s'est mis à chemin. *Tr. 122.*

mesire Lois d'Espaigne... estoit sur mer pour aller en l'isle de
Comparlé *envers* la cité de Grède, *Fr. II, 392.*

puis se tournoit *envers* les aultres dames. *Sa. 13.*

Lors Saintré *envers* luy fort s'inclina, *id. 119.*

la royne *envers* eulx se tourna. *id. 189.*

et deux grans princes... ne se devroient jamais veoir, mais
envoyer bonnes gens et saiges les ungs *envers* les autres.
Com. I, 91.

qui avoit envoyé une si grande et sollempnelle ambassade
envers le duc de Bourgongne, *id. I, 354.*

Devers, au sens primitif.

anciannement estoit avenu a Rome que I jour que Numa Pom-
pylius sacrefioit, unz escuz raonz chei voiant tous en ceste maniere
deverz les nues. *Sar. 574.*

aprèz tout ce avint le samedi devant la Chandeloun, que moult
granz venz venoit *devers* l'ost des Sarrazins tout contre val le flun
du Nil. *id. 601.*

... et de nous assaillir de trois costés: les ungs *devers* Paris, qui
debvoit estre la grand compaignée ; une aultre bande *devers* le
pont de Charenton. *Com. I, 76.*

Par devers.

et (les Chrétiens) remanderent au soudant que il ne se combat-
troient mie ovecques elx, mes seussent il bien vraiment tant que
nus maux ne leur vendroit *par deverz* les Crestienz. *Sar. 637.*

vindrent devant l'ost toute la chevalerie au soudanc et assistrent
nostre ost *par devers* la terre. *Joinv. 172* (Reyelt).

1. Reyelt, p. 39.

De même, *de devers*.

une fois, ès jours d'esté, je venoie *de devers* Chaumont en Bassigny à Paris. *Mén. I, 153*.

Devers, synonyme de *vers*.

car pour un homme que li roy avoit quant il fu passez *devers* les Anglois, li Anglois en avoient bien vingt. *Joinv.* 101.
elle regarda par la fenestre *devers* orient. *Ass. 7*.
elle... se retourna devers les chevaliers. *Mén. I, 118*.
Grisilidis... se traît *devers* la pucelle et *devers* l'enfant. *id. I, 122*.
tournez... ce beau visage *devers* celui lequel il a navré. *Tr. 134*.
puis se misent à voie *devers* Evruich. *Fr. I, 72, 20*.
on la devroit lyer sur ung asne, le viz *devers* la queue. *Sa. 279*.
il s'en court *devers* ce préau. *C. N. N. I, 285*.
dès que le povre homme se veit delivré, il se leva tirant *devers* la ville. *Com. I, 280*.

Par devers.

il s'accorderent que li roys feist passer son ost *par devers* Babiloinne. *Joinv.* 294.
si convint le roi de France aler *par devers* Arras et envoyer le plus de ses gens *par devers* Saint Omer et Aire. *J. le B. II, 128*.
on commanda que les batailles alaissent avant *par devers* les ennemis. *Fr. 1. 64 20*.
si se traist li rois englès.... *par devers* le cité de Bervich, *id. I, 107. 15*.
Et puis au quatrime jour, il chevaucièrent *par devers* Vennes. *id. III, 20,33*.

Notons encore l'emploi de *vers*, *devers* et *par devers* désignant non seulement la direction d'un mouvement vers une personne mais aussi l'arrivée auprès de cette personne :

Vers.

alez dire à la royne que li roys est esveilliez et qu'elle voise *vers* li pour li apaisier. *Joinv. 647*.
mais oncques... le roy Pharaon ne peust venir *vers* elle qu'il ne la trouvast toujours plourant. *Mén. I, 79*.
et l'autre escuier de cuisine ou son aide ira avecques le queux

vers le boucher, *vers* le poullailler, l'espicier... marchander, choisir et faire apporter... *id. II, 117.*

ma mère, dit elle, m'envoie *vers* vous. *C. N. N. I, 48.*

je viendray bien *vers* vous, *id. I, 225.*

Devers..

il pensa qu'il revenroit *devers* elle. *Mén. I, 72.*

le marquis comme ès temps passés se traist *devers* s'espousc sans lui dire mot de sa fille. *id. I,* 110.

lors le bon home ne se peut tenir que il ne voise *devers* elle *Joyes. 22. (H).*

je suis ung angel du Créateur, qui *devers* toy m'envoye toi annuncer et commender... *C. N. N. I, 74.*

monsr. Charles de France...envoya incontinent *devers* le Roy lui supplier que... *Com. I, 172.*

j'estoie arrivé *devers* luy de Callays, *id. I. 211.*

et venoient lesdits Pisans à grans pleurs *devers* le Roy. *id. II, 244.*

Par devers.

6 draps d'or de domasque...portés et délivrés *par devers* le Roy à Rouan, *Comptes, I, 120.*

Contre, encontre, à l'encontre de.

Dans l'ancienne langue le rapport de direction s'exprimait également au moyen de la préposition *contre*, qui ne contenait à l'origine aucune idée d'hostilité ou d'opposition (1). Dans la langue littéraire cet usage s'est conservé jusqu'au XVII° siècle (2), et, dans quelques dialectes, notamment en Suisse, il est encore persistant (3).

et estoient couchié *contre* orient. *Joinv. 639.*

chil de la cité vinrent *contre* lui moult reveramment. *Fr. I, 15, 20.*

1. Cf. Michael, p. 4.
2. Reyelt, p. 55.
3. Meyer-Lübke, III, 439.

si estoient jà issut *contre* lui moult de noble gent,pour le recueil-
lier et son jone fil, *id. I, 15, 27.*

il envoieroit encores à ces signeurs certains messages de par lui
qu'il fuissent, à une journée certainne,*contre* lui, là où il leur plai-
roit le mieus, *id. I, 142. 16.*

sitost queli contes de Haynau vey monsigneur Jehan de Haynau, son oncle, il vint *contre* lui et li dist... *id. I 197. 2.*

elle meismes vint *contre* yaus à grant reverense, *id. II, 151.18.*

il prenoit le sang qui yssoit de son pis et le gectoit *contre* le
ciel. *Ch. I, 27.*

elle se tourna *contre* la paroy et expira. *Sages 58.*

elle plouroit et les mains levoit *contre* le ciel. *id. 111.*

les quatre chevaliers prirent ces quatre tonneaulx d'or et vont
contre Romme, *id. 116.*

me firent dire... par l'ung de leurs providateurs qui venoit
contre nous. *Com. II. 238.*

Contre indiquant la direction entre dans les composés *contremont* et *contreval*, dont le premier sera
employé encore au xviᵉ siècle (1).

dès Ausone jusques à Lyon *contreval* la Sone. *Joinv. 123.*

les lermes li entroient *contreval* les joes enmi la bouche. *Prim.
66. H.*

et puis s'en vinrent tout *contreval* la rue. *Fr. I. 155. 14.*

(il) coururent *contremont* le voie del chastiel. *id. II.53. 7.*

adonc se misent tout à monter *contremont* le montagne, *id. II.
164. 4.*

et se garda bien de lever les yeulx *contre mont* le poirier. *C.N.
N. I. 286.*

il monteroit *contremont* le Rein. *Com. I. 264.*

Encontre.

Encontre, employé déjà dans les vieux textes dans
le même sens que le simple *contre*, (2) est moins fréquent que celui-ci ; il se conservera cependant jusqu'au xviiᵉ siècle (3).

1. Brunot, *H. L.*, III, 378.
2. Cf. Michael, p. 6.
3. Cf. Haase, xviiᵉ *siècle*, p. 383.

je soy bien quant vous vous levates de devant moy, que vous aliés *encontre* la royne. *Joinv. 594.*

tuit cil de la cité alerent *encontre* le roi a grant procession. *Sar.* 619.

lors le marquis de Saluces, ainsi comme s'il voulist aler *encontre* son espousée, se parti de son palais. *Mén.* 1, *104.*

et issirent communément tout cil de Londres, grans et petis. *encontre* le royne et son ainsnet fil. *Fr.* 1, *35, 18.*

A l'encontre de

A partir du xive siècle (1) on trouve à côté des formes *contre* et *encontre* la locution *à l'encontre de,* qui a subsisté jusqu'à nos jours, malgré la condamnation de Vaugelas (2).

et issirent communément tous ceulx de Londres petis et grands *à l'encontre* d'elle et de son aisné filz. *J. le B. 26.*

vinrent *à l'encontre* de lui les gens dudit Daulphin. *Mons. III.* *342. (w).*

Sur

L'emploi de *sur* exprimant un rapport de direction existe depuis les origines de la langue (3) ; il ne donne lieu à aucune remarque ; on notera cependant les expressions suivantes :

il regarda *sus* sa main senestre ; si vit un tropel de Turs. *Joinv. 548.*

et (il) dist en regardant *sus* le comte. *Fr. II. 317.*

donc regarda messires Carles *sus* messires Lois. *id. II. 405.*

et envoyer aucunes escoutes demye lieue *sus* la ville. *J. le B. 42.*

quant messires Loeis d'Espagne fu montés, au port de Garlande, *sus* mer. *Fr. II. 160 9.*

il monta *sus* mer au port de Morois, en Escoce, *id. I. 80. 20.*

1. Cf. Reyelt, p. 91.
2. Vaugelas, I, 393.
3. Waldmann, (A), p. 13.

Après.

Notons enfin que la préposition *après*, par suite de son emploi avec des verbes de mouvement comme *courir*, servait également à indiquer la direction ou le but, de même que dans la langue moderne (1) :

ceulx qui scevent bien trouver les perdris et la caille et ne queurent point *après* l'esprevier. *Mén. II, 281.*

il n'entre point au buisson *après* sa proie, *id. II, 316.*

car monseigneur est de trop legier somme, et ne s'esveille jamais qu'il ne taste *après* moy. *C. N. N. I, 225.*

comment messire Bertram ala *après* les Anglois qu'il desconfit. *Ch. II, 24.*

comme le Roy se trouva en chemin, en tirant *après* nous. *Com. I, 401.*

2. — DIRECTION AU SENS FIGURÉ

Dans l'expression des rapports de direction au sens figuré le moyen français montre déjà quelques préférences qui font prévoir l'usage de la langue moderne. En premier lieu la préposition *contre*, destinée à disparaître dans ce sens, est extrêmement rare, et je ne puis citer qu'un seul exemple tiré des poèmes de Christine de Pisan (2). D'autre part *devers* et *par devers*, qui servaient couramment à exprimer des rapports concrets, sont bien moins fréquents que *vers* et *envers* dans l'expression des rapports figurés (3). Cette distinction prépare naturellement les règles de l'époque classique : *devers* étant en concurrence avec *vers* dans l'indication du lieu concret, la préposition simple l'emportera, confor

1. Brunot, *Précis,* 606.
2. Cf. Reyelt, p. 75, 89.
3. *Id.* p. 52.

mément aux tendances de la langue de cette époque : cf. *sous, dessous, hors, dehors*. Les rapports figurés, qui s'exprimaient au moyen de *vers* et *envers*, seront désignés uniquement par ce dernier, qui dès l'époque du moyen français avait presque perdu sa valeur concrète (1).

Quant aux autres prépositions de direction, on notera certains emplois de *a*, de *en*, et de *sur*, qui sont hors d'usage aujourd'hui, et aussi l'emploi de *endroit*, disparu de la langue au XVIᵉ siècle.

(A) **Disposition à l'égard d'une personne.**

Aujourd'hui le rapport de direction au sens figuré, lorsqu'il s'agit de la disposition d'une personne à l'égard d'une autre, s'exprime au moyen de *envers* et de *pour*, mais dans le moyen français on trouve également dans ce sens *à, en, vers, devers*, et quelquefois *contre* et *sur*.

A (2).

pour l'amour que Diex avoit *au* roy. *Joinv. 12.*
car il fut larges *à* Dieu et *au* siècle, *id. 89.*
Sire, tu fuis *a* eulx propices et pitoulz. *Ps. XCVIII,* 9
dont tu dois avoir telle pure amitié *à* ton proïsme. *Mén. I, 56.*
Sarre vesqui moult saintement et fut très loyalle et de bonne foy *à* son mary Abraham, *id. I, 79.*
tonjours plourant du regret qu'elle avoit *à* son mary, *id. I, 79*
tu scez la grant affection que j'ay *à* toy.*Tr. 197.*
la longue et loyalle amour qu'il avoit eue *à* Brisaïda, *id. 298.*
humain *à* toutes gens, sanz nul orgueil, de si grant amour *à* ses parens, amis et affins. *Ch. II, 15.*

1. Cf. Vaugelas, I, 285 pour *devers*, et II, 79, pour la distinction entre *vers* et *envers*.
2. *A* sera fréquemment usité dans ce sens encore au XVIIᵉ siècle ; cf. Haase, *XVIIᵉ siècle*, pp. 337, 353.

nous femmes avons les cueurs tendres et piteux *aux* choses
qui sont par nous aymées. *Sa. 91.*

avoir charité *a* son proesme. *Maill. 1.*

aiant peu de reverance *à* leur roy. *Com. I, 308.*

aulcuns vieulx avoient amour *au* roy Loys, *id. II, 326.*

En.

Cet emploi de *en* dérive de l'usage latin ; il se
trouve surtout après le mot *amour*.

L'amour que il avoit *en* son peuple. *Joinv. 20.*

et pour le grant amour que il avoit *en* elle, il fust sy fol que...
Chev. 144.

pour la familiarité que j'avoie avec luy ou qu'il povoit avoir *en*
moy. *Mén. 1. 35.*

dévotion *en* aucuns sains, aprés Dieu et sa mere, avoit singu-
liérement. *Ch. 1. 33.*

mais pitié et amour qu'ilz ont *en* leur enfant les fait recueillir lui
et sa femme. *Joyes. 72 (H).*

... se maria à une femme vefve, *en* laquelle, selon ce qu'il
racompte, il demoura en servage moult longuement. *Joyes (J.) 4.*

pour les tres grans et angoisseux regretz que elle avoit *en* luy.
Sa. 90.

tant est l'amour saine et entiere que j'ay *en* vous. *Sa. 174.*

comment ung grand seigneur... avoit parfecte fiance, confi
dence et amour *en* ung jeune et gracieux gentil homme de son
hostel. *C. N. N. I. 56.*

les aultres ont trop d'amours *en* leurs biens, *en* leurs femmes
et à leurs enffens. *Com. I. 324.*

Nostre benoist Sauveur, désirant que nous ayons charité e
amour *en* luy. *Maill. 1.*

Remarque : Dans les exemples suivants on devrait
peut-être lire *aux* pour *ès*.

et estoit moult grant aumosnière *ès* povres. *Chev. 198.*

estoit piteable *ès* povres, *id. 276.*

Vers.

les Crestiens tenront bone pais e loial amistéi *vers* nous, si
come nous ferons *vers* eaus. *Hay. III. 17.*

il ne se menoit ne bien ne loialment *vers* moy. *Joinv. 674.*

la voulenté que vous avez d'estre dévole et bonne *vers* Dieu et l'église. *Mén. I. 62.*

obéissez a vos souverains et soyez en bonne subjection *vers* eulx, *id. I. 98.*

l'amour que tu as *vers* moy, *id.* i. *123*.

grant foy a *vers* Dieu. *Ch. II. 14.*

qui très courtois et gracieux estoit mesmement tousjours *vers* les dames. *C. N. N. I, 18.*

qu'ils se voulsissent entretenir toujours en leur bon propos *vers* ledit roy, *Mons. IV. 179* (ω).

Envers.

que Dieu voulsist que voustre valeur... se meust aucunement par pitié *envers* moy. *Tr. 131.*

l'amour de ma dame *envers* luy. *Sa. 143.*

quelle estoit la pensée dudit duc *envers* le Roy. *Com. I. 236.*

Devers.

pour le cueur le roy adebonnairir *devers* aus. *Joinv. 465.*

sa gracieuseté *devers* les maistres ouvriers. *Sa. 54.*

prometre que *devers* vous et vostre royaume toute feaulté nous garderons. *Mons. I. 115* (Reyelt).

et escripvit au Roy six lignes de sa main, se humiliant *devers* luy. *Com. I. 189.*

Par devers.

considerant l'affinité, amour et considération que j'avoie *par devers* tres puissant et tres hault prince. *Mons. I. 67* (Reyelt).

Contre (1).

entens qu'il te fault faire : Armes suivir t'estuet en mainte terre ; Estre loyal *contre* ton adversaire. Christine de Pisan(2) *I.* 264 (Reyelt).

Remarque : Reyelt donne aussi les exemples suivants du xviiᵉ siècle.

Dieu qui de ceux qu'il aime est la garde éternelle,
Me témoignant *contre* eux sa bonté paternelle. Malherbe.

1. Cf. Meyer-Lübke, III, 439 et Michael, p. 6.
2. *Œuvres poétiques*, éd. M. Roy. Paris, 1886.

Madame, croyez moi, vous serez excusable,
D'avoir moins de chaleur *contre* un objet aimable,
Contre un amant si cher. Corneille, *Le Cid.*

Sur.

Cet emploi de *sur* se trouve seulement chez Monstrelet :

il fut meu de pitié *sur* icelle. *Mons. I. 337.*
il fut meu de misericorde *sur* icelle, *id. I. 337 (w).*

(B) Devant un substantif abstrait

L'ancienne langue favorisait beaucoup l'emploi d'expressions composées d'un verbe simple comme *mettre, entrer, arriver, venir,* et d'un substantif abstrait, unis par les prépositions *à* ou *en* qui marquaient la direction au sens figuré ; ces constructions correspondent à celles qui sont étudiées plus haut (1) dans les rapports de situation.

A.

comment les Tartars vinrent premièrement *à* seignourie. *Hay. III. 1.*

je persecuterai mes anemins et les penrai, et point ne retournerai se les averai dechacieit et mis *a* niant. *Ps. XVII, 41.*

et pour ce Dieux essaulca ses enffans, lesquelz vindrent *à* grant honneur. *Chev. 168.*

car plusieurs femmes ont gaignié par leur obéissance et sont venues *à* grant honneur. *Mén. I. 99.*

certes, telle gloutonnie met femme *à* honte, *id. I. 48.*

par traître conseil et enhort, le roy avoit honny et gasté son royaume et mis *à* meschief. *J. le B. 26.*

et mist *à* destruction tous ses anemis, *id. 24.*

mès nul ne ly vynt *à* grée. *Foulq. 24.*

toutes ses besongnes luy venoient *au* contraire. *J. le B. 11.*

plus aiséement on viendroit *à* paix. *Com. I. 416.*

1. Voir ci-dessus, p. 28.

Si ne scet le bon homme où il tient, et vient *à* pauvreté. *Joyes*
(*J.*) *71*.

et li chevaliers, qui y faisoit merveilles d'armes, les rescouoit et
les metoit ce qu'il pooit *à* sauveté dedens la mestre porte. *Fr.*
II. 92.4.

En.

il entra fort *en* grace et fust du conseil du roy. *J. le B. 106.* ,

Qant mesires Lois de Crenchen vei che si en fu si confus que il
en entra *en* merancolie et maladie et en morut. *Fr. I. 457.*

elle mect *en* mesprison son mary. *Joyes 31. (H.).*

et entra le Roy *en* grands doubtes. *Com. I. 162.*

là entra *en* aulcuns souspections, tant de serviteurs comme de   -
traictés, *id. I. 180.*

le Roy entra *en* grand souspesson de luy, *id. I. 296.*

et commençoient à entrer *en* murmure et avoir leur maistre en
mespris. *Com. I. 371.*

il entra *en* ymagination qu'on le vouloit empoisonner, *id. II.*
42.

le filz Alphonce... entra *en* telle peur que toutes les nuitz ne
cessa de crier..., *id. II. 184.*

Il se deffeit, et entre *en* plus grant pencée. *Joyes. (J) 65.*

Qui, pour entrer *en* mariage laissa le noble privilège et estat
de clerc, *id. 4.*

(C) Expressions diverses

Il reste à remarquer l'emploi au figuré des prépositions de direction dans les expressions suivantes :

A.

Prendre à mariage.

il peust prendre *à* mariage légitime une autre femme. *Mén. I.*
115.

beaucoup de gens... luy eussent voluntiers donné leur fille *à*
mariage. *C. N. N. I. 106.*

Changer qqch. à qqch.

et disoit que... onques royaume se perdist ne chanjast de
signourie *à* autre. *Joinv. 55.*

changier les prisonniers les uns *aux* aultres. *Tr. 200.*

si voustre dame vous a fait vivre jusques cy en tourment d'amours, ne l'avez sceu ne peu *à* une aultre changier, *id. 214.*

Convertir.

chacun faisoit grant joye, qui puis fut convertie *a* grant douleur. *Sages. 3.*

Regarder.

or devons, fist li roys, regarder *à* nous. *Joinv. 636.*

il ne regarde mie *à* la personne qui parle, mais *à* la doctrine qu'il donne. *Ch. II, 21.*

si je vouloie regarder *a* sa félonnie, je feroie de vous le semblable cas. *J. le B. II, 27.*

Tirer.

toute bonne femme doit premièrement tirer *au* bien de l'ame de son seigneur et puis *au* service du corps. *Chev. 197,* et Eder, p. 182.

En.

Ajouter.

pour quoy jamais je ne adjouteray foy *en* parole que vous diés. *Sages 114.*

Appliquer.

pour ce ne doit-on pas permectre que tant d'iceulx métaulx soient applicqués *en* autres usaiges. *Or. 2.*

Changer, tourner, muer, faire.

ne onques n'avoit veu..., que nus royaumes ne nulle signourie fust onques perdue, ne changie de signourie *en* autre, ne de roy *en* autre. *Joinv. 659.*

comme Coliné de Chielet..., ait ordené de changer son estat de clerc *en* celui de mariage. *Doc. 31.*

car toutesfoiz que le royaume se tourne *en* gouvernement tyrannique il ne peult estre longtemps après gardé ne deffendu. *Or. 77.*

telles douleurs tornent *en* joye. *Sages 166.*

le sage ne ment mie quant il mue son courage *en* mieulx. *Mén.
I, 194.*
se telles mutacions estoient faictes *en* pires. *Or. 26.*

Condamner.

et ainsi le Roy se condempna *en* ceste admande. *Com. I, 322*
le chevalier fut tant marry que s'il avoit occis ung homme, et'
en signe de ce se condempna *en* exil pour penitance. *Sages 9.*

Se commander.

il se commandèrent *en* le garde de Nostre Signeur. *Fr. I, 25,
25.*

Donner.

pour donner *ès* autres (femmes) exemple de mieulx obéir à
leurs seigneurs. *Chev. 135.*
les terres que on donnoit *en* ladite fille **en** mariage. *Com. II,
123.*

Etre enclin.

en quel vice il est plus enclin. *Mén. I, 56.*

Exposer.

ils exposeroient le royaume *en* grant descriement et honte. *Or.
84.*
la Cheualerie... exposée *ès* perilz de fortune. *Chart. (E).*
celui disoit en outre quil se debuoit exposer *en* maints perilz et
en maintz dangiers. *Joyes 4. (H).*

Lier.

car le pueple... estoit si lié *en* cele chetive maleurté que il les
appeloit et disoient que il estoient sains hommes. *Prim. 9 D.*

Mener en fin.

pour vaincre et mener *en* fin son emprinse. *Com. I, 424.*

Tendre.

leurs fins subalternes tendent *en* la final et infinie fin. *Chart. (E).*

Subvenir.

il est nécessaire que les monnoies soient trouvées, espécialement
pour subvenir *en* l'usaige publique. *Or. 10.*

Se vouer.

Or se voue la dame en sa douleur *en* plus de XX pelerinages.
Joyes 20. (H).

Mettre remède en qqch.

comment il pourra apaiser sa femme et mectre remede *en* sa
depte. *Joyes. (J). 16.*

Remarque I. — L'emploi de *en* après les verbes
croire, se fier, espérer, est un hébraïsme introduit
par la langue biblique (1) ; il est très fréquent pendant cette période.

croire fermement *en* la loi crestienne. *Joinv. 43.*
et vous fieiz et espereiz *en* Nostre Signour. *Ps. IV, 6.*
et tuit cilzqui se fient et espeirent *en* ti aient liesce et joie, *id.*
V, *13.*
et voy bien que ne vous fiez point *en* moy. *Tr. 239.*
ne vous fiez point *en* ceulx à qui vous avez eu guerre. *Mén. I,*
201.

Remarque II. — Meyer-Lübke (III, 434) avance
qu'on ne trouve *en* après les verbes *penser* et *songer*
qu'au XVII° siècle ; en réalité cette construction est
beaucoup plus ancienne :

cellui qui pense *ès* choses terriennes. *Chev. 10.*
et si ne doit mie penser *ès* choses temporelles, mais à Dieu
proprement. *Mén. I, 17.*
en allant pensant tout seul *en* vous. *Tr. 283.*
advise et pense *en* ce que je dis. *Sages 67.*
ne cogitez plus *en* ces melencolies. *id. 139.*

1. Cf. Trénel, p. 293.

quant elle pensoit *en* telle chose elle estoit toute esperdue et paoureuse. *Chev. 195.*

en pensant tousjours *en* la grant perte qu'il a fete. *Joyes (J) 117.*

Vers.

Car celle contesse de Péruse avoit la chose tenue secrète *vers* son mary. *Mén. I, 120.*

après qu'il eut trouvé façon d'avoir *vers* elle accointance. *C. N. N. I, 292.*

je me acquittois *vers* eulx. *Com. II, 288.*

Et entre aultres services à quoy il obligea son dict maistre *vers* luy. *C. N. N. I, 46.* (Reyelt.)

Devers.

et tellement s'endebtera *deviers* ces Allemans. *Fr. II, 217.*

chils dus auera fait son devoir *deviers* son naturel et souverain signeur. *id. II, 273.*

mais seulement tant pour nous feablement acquiter *devers* vous. *Mons. I, 118* (Reyelt).

et pour ce que je lui appartiens de si près comme chascun scet, me acquitant *devers* Dieu et envers elle. *id. I, 57.*

Dont le plus de mal sy vint *devers* elle. *Chev. 13.*

Encontre.

en tel maniere demoura li roiz et la Crestientez senz trives *encontre* toutes manières de Sarrazins. *Sqr. 627.*

une grande debte *encontre* les Alemans. *Fr. II, 217.*

A l'encontre de.

vous ne eussiez cuidié ne pensé que nous eussions fait *à l'encontre de* nostre tres cher seigneur et cousin ce qui est congneu. *Mons. I, 60. (W).*

pour savoir comment il se auroit à gouverner *à l'encontre du* duc Jehan de Bourgongne, *id. I, 388. (W).*

elles n'ont pas regard *à l'encontre de* celluy de qui le commandement vient. *Mén. I, 132.*

ung orfèvre de Paris, naguères, pour despescher pluseurs besoignes de sa marchandise *à l'encontre d'*une feste de Lendit et d'Envers, fist large et grand provision de charbon de saulx. *C. N. N. I, 43.*

Sur

ce point fut soubzmis *sur* le Roy. *Com. I, 274.*

mais (elle) adressoit la plus part de ses motz venimeux *sur* la pouvre Jehannette. *C. N. N. I, 250.*

et comment adiouste Dieu nouueau tourment *sur* le trauail de leur labour. *Chart. (E).*

car Esperance esleue l'homme à esperer *sur* sa propre puissance par confidence de la divine bonté. *id.*

ce bon seigneur pensa ung peu *sur* l'advis de sa fille. *C. N. N. I, 146.*

Endroit (1).

Cette préposition a rarement servi à marquer la direction dans un sens concret, mais elle exprimait assez souvent des rapports figurés, au sens de *à l'égard de*, ou *pour*, surtout lorsque le complément était un pronom personnel.

Il li portent mult grant envie *Endreit* la sue seignorie. *Brut,* 3580 (Reyelt).

et pensa chascune *endroit* soy. *Chev. 54.*

c'est le commencement ou entrée de la messe, ouquel endroit doit lors chascun homs et chascune femme refraindre ses pensées *endroit* lui. *Mén. I, 17.*

et aussi les aiez fait admonnester et introduire, chascun *endroit* soy, de ce qu'il devra commencier l'endemain, *id. II, 71.*

lui respondirent moult humblement, chascun *endroit* soy. *Mons. IV, 111 (W).*

3. — RAPPORT ADVERSATIF

Dans la vieille langue les prépositions étudiées plus haut à propos des rapports de direction, *à, vers, envers* et *contre*, servaient également à mar-

---

1. Cf. Renzenbrink, p. 15.

quer ce même rapport lorsqu'il était accompagné d'une idée d'opposition. Il faut en conclure, que le verbe seul indiquait la nature adversative de l'action et que la préposition ne jouait qu'un rôle neutre en indiquant l'objet auquel cette action s'adresse. La langue moderne, au contraire, fait une distinction plus ou moins nette entre ces deux catégories de rapports, et tout en conservant *à* et *vers* pour désigner la direction simple, a restreint l'emploi de *contre* aux rapports renfermant l'idée accessoire d'opposition. Ce choix fut sans doute favorisé par le fait que *contre* indiquait également la situation d'un objet en face d'un autre, ce qui pouvait encore donner naissance à une idée adversative.

Le moyen français présente un état intermédiaire de cette évolution, car tandis que *à* s'employait encore au sens de *contre*, *vers* et *envers* ne possédaient plus cette valeur que dans l'expression des rapports abstraits.

A.

Cet emploi de *à* ne s'est guère conservé que dans quelques expressions telles que *aller à l'ennemi, faire la guerre à qqn* ; aujourd'hui ce rapport est généralement exprimé par *contre* ou *sur*, ou, lorsqu'il y a une idée d'action réciproque, par *avec*.

Au sens concret.

li roys de France guerroie *au* roy d'Engleterre. *Joinv. 48.*
et je ne sai qui li avoit donnei une joene ourse, laquel il lessoit aller *à* mes gelines. *id. 583.*
nostre neis hurta *à* une queue de sablon. *id. 618.*

un lion qui veult très gloutement saillir *à* sa proie. *Prim. 74. E.*

et ne peurent onques avoir victore *à* lui. *Fr. I, 9, 11.*

et qui moult desiroient le bataille *as* Englès. *id. I, 136, 23.*

mès nous ne poons esmouvoir guerre *au* roy de France. *id. 185, 20.*

souvent y avoit des chevaucies et des rencontres et des fais d'armes des uns *as* aultres. *id. II, 21. 15.*

et se feri *à* l'un des costés de l'host. *id. II, 94, 15.*

et lors commença la jouste de ceulx de dehors *à* ceulx de dedans. *Sa. 83.*

messire Enguerrant vit le jeune aage de Saintré, fut esbahy d'avoir telles armes à faire *à* ung qui poroit estre son filz. *id. 101.*

esmerveillé, en pensant que ung si jeune homme... avoit cueur de si fortes armes emprendre *à* ung si grant et puissant homme. *id. 139.*

s'il estoit homme, quel qu'il soit, qui volsist dire le contraire sur ceste querelle, je lucteray *à* luy. *id. 257.*

avec commission de tirer *à* tout hòmme qui en approucheroit de nuyt. *Com II, 51.*

On remarque aussi l'expression *combattre à qqn,* qui subsiste encore au XVIe siècle (1).

ilz ne pouroient *à* eulx combastre. *J. le B. 50.*

quant ne trouveroyent *à* qui combattre. *Ch II, 23.*

... pour ce qu'il s'estoit combattu *aux* ennemis... *Chart. (E).*

A s'employait couramment après le verbe *défendre,* et aussi après *résister,* où il a tout à fait prévalu sur *contre* dans la langue moderne :

défendre.

nous nous sommes deffendu *à* aus, nous à pié, et il à cheval. *Joinv. 279.*

et tout li aultre chevalier et escuier,... devoient demorer au pont et garder le passage, pour le deffendre *as* aventures des sourvenans. *Fr. II, 72, 31.*

durer.

et quant l'enfant vit qu'il ne povoit durer *à* sa mére. *Mén. I, 179.*

1. Cf. Brunot, *H. L.,* II, 475.

resister.

> il n'avoit pooir de resister *à* aus. *Joinv. 551.*
> pour resister *as* Escos. *Fr. II, 334.*

Au sens abstrait.

> nous n'avons povair *à* elx. *Sar. 614.*
> par la hainne que il averoient *à* moy. *Joinv. 683.*
> et je cuidoie vraiment que il fust courouciez *à* moy. *id. 430*
> Johan fust molt corocée *à* Fouke. *Foulq. 51.*
> e molt fust irrée *à* ly, pur ce qu'il ly detient à force son héritage. *id. 68.*
> et pour la mauvaise voulenté qu'elle a *à* luy. *Mén. I, 40.*
> ilz seroient anemis *au* roy Philippe de France. *J. le B. 143.*
> Et manda et pria... que il ne fesissent nul mauvais pourcach contre lui ne *à* son royalme. *Fr. I, 157, 20.*
> quelque courroux que le seigneur eust de prinsault *à* sa belle meschine. *C. N. N. I, 95.*
> Dieu se courrouceroit *à* eux s'ils faisoient le contraire. *Chart.* (E.).
> li Flamenc, qui avoient grant haine *à* euls. *Fr. II, 222.*
> quelque bayne particuliere que je auroys eue *à* eulx. *Com. II, 180.*

Vers et ses composés.

Vers et *envers*, qui servaient dans la vieille langue à exprimer un rapport adversatif aussi bien au sens concret qu'abstrait (1), sont rarement employés par le moyen français quand il s'agit de rapports concrets. Toutefois ils indiquent encore tous deux des rapports abstraits : *vers* a conservé cet emploi jusqu'au xviie siècle et *envers* jusqu'à nos jours. *Devers* a très rarement l'un ou l'autre de ces sens ; Reyelt n'en a relevé d'exemples que dans Monstrelet, et je n'en ai trouvé aucun dans les autres textes.

1. Cf. Reyelt, p. 7 et 29, et Dickhuth, p. 53.

Au sens concret.

Vers.

Sire Henré e sire Johan e lur chevalers s'aparillerent *vers* Blaunche Ville. *Foulq. 74.*

si me manda mes sires Pierres d'Avalon que je me deffendisse *vers* ceus qui m'apeloient poulain. *Joinv. 434.*

Envers.

et nous, icelle place, en nom du roy et pour le roy, li promettons garantir et deffendre *envers* touz. *Doc. 45.*

et commencèrent à marcher l'un *envers* l'autre moult fièrement. *Mons. I, 79.* (Reyelt).

Remarquons encore l'expression *envers et contre tous*, dans laquelle *envers* a gardé un sens adversatif :

Item en temps et en cas de discord et de guerre, nous aiderons et defendrons l'un l'autre à grant désir pour vouloir et parfaire œuvre *encers et contre* tous princes. *Mons. I, 51.* (Reyelt).

et feit serment... audict roy d'Angleterre, *envers et contre tous. Com. I, 199.*

Devers.

et ce pendant, les communes du pays de Liège firent grandes assemblées et s'en alerent *devers* la ville de Buillon, laquelle avec le chastel ilz prindrent d'assault. *Mons. I, 142* (Reyelt).

Au sens abstrait.

Vers.

mon signour Villain de Versey et li autres mon signour Guillaume de Danmartin, qui estoient en grief courine li uns *vers* l'autre. *Joinv. 154.*

le Gascoing des Biars... si estoit soupçonneux *vers* le roy. *Prim. 90. H.*

et sy estoient sy courrouciées et sy yrées *vers* luy. *Chev. 54.*

tant qu'elle fust courroucée *vers* le roy. *id. 133.*

par lequel renvoy icelui duc fut moult indigné *vers* lui. *Mons. V. 52 (W.).*

ostez de vostre cueur tout courroux que avez *vers* moy conceu.
C. N. N. I, 8.

indigné *vers* l'Eglise. *Chart. (E.).*

grandes frauldes et tromperies et parjuremens que aulcuns des anciens ont faict les ungs *vers* les aultres. *Com. I, 133.*

ennemy et crimineulx *vers* tous les deux princes. *id. I, 254.*

Envers.

jà il ne seroit traistre *envers* son seigneur. *Chev. 121.*

défiance vous a mis au cueur ceste souspeçon *envers* moy. *Tr. 139.*

vous avez basti ung mauvais plet *envers* mon seigneur. *Sages 32.*

peché d'orgueil qui procure hayne *envers* toutes personnes. *Com. I, 72.*

je ne saurois dire vers qui Nostre Seigneur s'est monstré plus courroucé, *envers* luy... ou vers ses subjectz. *id. I, 390.*

Devers.

et plĕust à Dieu que vous n'eussiez ja fait rigueur, cruaulté ne villenie *devers* nulle dame, damoiselle ne aultre personne, que nous n'avons fait *devers* elle. *Mons.* (Rĕyelt).

Contre, encontre, à l'encontre de.

La préposition *contre* a été employée pour exprimer ce rapport dès les origines (1), aussi n'est-il pas nécessaire d'en donner d'exemples ici. Notons cependant les formes *encontre* et *à l'encontre de* (cf. p. 74).

Au sens concret:

Encontre.

car il ne veoient mie coumant et en quel maniere il pouissent eschapper *encontre* si grant planté de Sarrazins. *Sar. 636.*

1. Reyelt, p. 61.

(le roy) fut moult convoiteux de soy combattre *encontre* les anemis. *Prim. 77. F.*

pour s'esprouver *encontre* quelque chevalier au faict des armes. *Sa. 73.*

A l'encontre de.

si oncques je me combaty de bon cueur *à l'encontre de* ses Grieux. *Tr. 289.*

et diray des aultres nouvelles armes que ledit Saintré fist *à l'encontre du* seigneur de Loisselench. *Sa. 136.*

et a celle heure promist son frere au roy de non jenmès aller *à l'encontre de* luy. *Mich. 84.*

Au sens abstrait.

Encontre.

nous porterons tesmoingnage *encontre* toy. *Mén. I, 65.*

tu fais mauvaisement *encontre* moy. *id. I, 80.*

li roys de terre et li princes se sont tuit mis ensemble et esteit d'un escort, *encontre* Nostre Signour et contre son eslut et sacreit. *Ps. II, 2.*

A l'encontre de.

et que les ennemis troublés et espoventés de ton secours ne puissent avoir aucun regart, présumpcion ou souspeçon de mal *à l'encontre de* moy. *Mén. I, 12.*

toutes informations qui pooient venir au dit roi *à l'encontre de* lui. *Fr. I, 151. 18.*

je n'yray pas *à l'encontre de* mon mot. *C. N. N. I, 270.*

on avoit semé et proposé paroles diffamatoires *à l'encontre lui* et de son honneur *Mons. I, 121.* (*W.*).

car ils bataillent jour et nuyt *à l'encontre de* l'ame. *Sa. 27*

Remarque. — Le verbe *résister*, qui est maintenant suivi de *à*, se construisait également avec *contre*.

liquel n'estoient mies adonc fort pour resister *contre* yaus. *Fr. II, 187.*

et fit son armée pour resister *contre* luy. *Chart.* (*E.*).

pour resister *à l'encontre de* la poissance dou duch de Normendie. *Fr. II, 213.*

Sur.

La préposition *sur* s'emploie toujours dans la langue moderne avec des verbes exprimant un mouvement hostile, mais cet usage est beaucoup plus restreint aujourd'hui que dans l'ancienne langue, ainsi que le montrent les exemples suivants :

Au sens concret :
aller sur qqn.

et enhorta et remonstra grandement le crois à prendre et encargier, pour aler *sus* les ennemis de Dieu. *Fr. I, 116. 2.*
... aller *sur* les Anglois. *Chart. (E.).*

chevaucher sur qqn.

chevauça tantost efforciement *sur* lui. *Fr. I, 9. 18.*
Ensi ala en ce temps de le chevaucie le roy englès *sus* les Escos. *id. I, 112. 4.*

courir sus qqn.

et quant les Sarrazinz les veient courre *sus* eulz efforciéement il entendent à fuir. *Prim. 74. A.*
et sont lour pieiz adès apparillieit pour courre *sus* autrui. *Ps. XIII, 6.*

escarmoucher sur

et aloient souvent [escarmouchier] en l'ost des Englès, et li Englès ossi *sus* yaus. *Fr. III, 32. 15.*

garder qqch. sur qqn.

pour garder le ville et le frontière *sus* les ennemis. *Fr. I, 166. 3.*

perdre qqch sur qqn.

mès ses gens le perdirent *sus* ces Normans. *Fr. I, 189. 15.*

prendre qqch sur qqn.

le Roy print le Pont de l'Arche et aultres places *sur* luy. *Com. I, 94.*
le Roy print Amyens *sur* le duc de Bourgongne. *id. I, 261.*

saillir sur.

le premier de ceulx qui *sur* les Greux sailloient hors de la
ville. *Tr. 197.*

Aussi,

l'année ensuivant le roy de France mena son ost *sur* le conte
de Fois. *Prim. 89. D.*
avoir victoire ne duré *sur* luy. *J. le B. 5.*
pour veoir se il poroient nient trouver à faire aucune bacelerie,
ne biau fait d'armes *sus* lez Franchois. *Fr. II, 202.*

· *Au sens abstrait.*

avoir dédain sur qqn.

avoit envie et desdaing *sur* elle. *Chev. 143.*

avoir dépit sur qqn.

I'en a plus souvent envie et despit *sur* gens qui viennent de
petit lieu que *sur* ceulx qui sont de bon lieu. *Chev. 137.*

avoir envie sur qqn.

un mien compaingnon, qui a envie *sus* moy pour la haingne
que il a à moy. *Prim. 49. C.*
envieux *sur* tous les estrangiers quant ils sont à leur dessus.
J. le B. 14.
ce vray amoureux... jamais *sur* homme ne séra envieulx.
Sa. 20.

avoir haine sur qqn.

pour les haines que chil de Lille avoient *sur* lui. *Fr. II, 245.*

avoir suspicion sur qqn.

suspection que l'on avoient les ungs *sur* les autres. *Com. I, 48.*

fureur sur.

diuine fureur *sur* les nations. *Chart. (E.).*

convoiter sur.

ne couvoite pas *sus* ton peuple. *Joinv. 743.*

se courroucer sur qqn.

tant estoit il courouciés *sus* chiaus de Saint Amand. *Fr. II,
69. 8.*

et à tant sa fenestre referma bien courroussée et mal contente,
non pas *sur* frère Courard, mais *sur* l'autre moine. *C. N. N.I,84*.

lors très–marry et courroucy *sur* la meschine. *C. N. N. I, 95*.

s'émouvoir sur qqn.

et doubteront... que les Seigneurs... et le peuple ne s'esmeus-
sent *sur* eulx et leur gens. *Chart. (E.).*

murmurer sur.

or, se perchut li dis messires Hues comment on murmuroit *sur*
lui et *sus* son affaire. *Fr. I, 13. 12.*

de quoi on parla moult et murmura *sus* leur afaire dedens le
ville de Hembon. *Fr. II, 177. 24.*

fort murmuroit tout l'ost *sur* le conte de Sainct Pol et *sur* ce
vichancelier. *Com. I, 20.*

reprocher qqch sur qqn.

departez à ses povres des biens que Dieu vous a donnez, tellement que il n'ait que reprouchier *sur* vous. *Chev. 184.*

En

L'emploi de *en* dans ce sens est exceptionnel ;
c'est probablement un latinisme introduit par les
traducteurs :

et venja après ce la mort de son père *en* aucunz des anomiz.
Prim. 19. A.

et tout aussi forsenoient il en autel manière de destruction *ès*
nonnains qui estoient sacrées à Nostre Seigneur. *Prim. 21. B.*

Venus, la dame des amoureux, qui a grant art et grant povoir
en jeunnesce. *Chev. 241.*

Pour.

Notons aussi que *pour* indiquant le motif de l'action prenait le sens de *contre* lorsqu'il était employé
avec des verbes désignant une protection, une
défense ; on dit ainsi de nos jours, remède *pour* une

maladie, aussi bien que remède *contre* une maladie.

et aussi n'avoit la plus grande partie de nous que couvrir *pour* la pluie et *pour* le froit. *J. le B. 56.*

une mue qui soit de quatre piés de long... et soit couverte de bonne toile *pour* le vent. *Mén. II, 313.*

et garder en cave ou en célier *pour* le froit. *id. II, 45.*

et ossi n'avoient li plus grant partie que vestir, ne de quoi couvrir *pour* plueve ne *pour* le froit. *Fr. I, 60. 27.*

pour faire en terre chascun une fosse pour nous tappir *pour* le soleil. *C. N. N. I, 105.*

De.

Du reste, cette même catégorie de verbes pouvait également se construire avec *de*, l'une des fonctions de cette préposition étant de marquer la séparation :

Et cuidoient que celi chastel par sa force se desfendist bien *des* François. *Prim. 25. D.*

e yl se defent *de* eux come lyon. *Foulq. 31.*

pour garder le pays *des* Escots. *J. le B. 46.*

là fu li gentilz chevaliers, messires Guillaumes de Douglas enclos, et toute se route, *des* ennemis. *Fr. I, 82. 11.*

Devant.

Enfin, on remarquera que dans les passages suivants, qui appartiennent au langage biblique, la préposition *devant* indique plutôt un rapport d'opposition que de lieu.

Je les confroisserai et ne pourront esteir ne dureir *devant* mi. *Ps. XVII, 42.*

mais mieulx me vault sans meffaire cheoir en leur dangier que faire péchié *devant* Dieu. *Mén. I, 65.*

touteffoy bien sçay que *devant* Dieu je pecheroie grandement. *Sages, 68.*

4. — LE BUT

La distinction entre les rapports de direction et le rapport de but est plutôt arbitraire ; on peut cependant classer sous ce dernier titre certains emplois de *à*, *pour*, *de* et *en*, dans lesquels l'usage du moyen français diffère de celui de la langue moderne.

Lafaye (p. 82) constate que l'emploi de *à*, *de* et *pour*, dans des désignations de destination ou de but se différencie en ce que les deux premières prépositions sont des expressions générales tandis que la troisième est l'expression spéciale, particulière, remarquable. Ainsi, il dit qu'on travaille « *à* sa propre perte », sans le vouloir, même sans le savoir, mais qu'on ne travaille que « *pour* un but » qu'on se propose et qu'on s'efforce d'atteindre ; de même, on trouve un moyen « *de* parvenir », mais on cherche un moyen « *pour* parvenir ». Dans le moyen français cette distinction n'existait pas, et *à* et *de* s'employaient fréquemment dans les cas où la langue actuelle exigerait *pour*. Il s'agit donc d'un changement d'usage analogue à celui qu'on remarquera dans l'expression du rapport d'instrument (1) : dans les deux cas les prépositions usuelles, c'est-à-dire, *à* et *de*, ont subi un affaiblissement de valeur, et ne peuvent plus servir à l'expression des rapports emphatiques.

1. Voir ci-dessous, chap. IV.

A.

A équivalent de *pour* devant un substantif :

les femmes… atournent la viande *à* ceus qui vont en la bataille. *Joinv. 489.*

l'autre partie il divisa en quatre parties : l'une estoit pour les
povres, l'autre *aux* esglises, l'autre pour les povres escoliers, et
la quarte pour les prisonniers d'outre mer. *Ch. I, 16.*

et appareilloit *à* son père et *à* elle les viandes que Dieu leur
donnoit. *Mén. I, 103.*

laquel chose fu *à* eus meisme matière de leur perte. *Prim. 12 F.*

laquel chose fu *aus* anemis gloire sans loange, car il orent victoire par subtilleté et par malice. *id. 12 E.*

si conquisent cil dit saudoiier marin *au* roi de France, en cel
yvier, sus les Englès tamaint pillage. *Fr. I, 189.9.*

se tourna le duc de Clarence, frere dudit Edouard, avecques
luy,… qui fut grand esbahissement *audit* conte de Warvic et
grand reconfort *audit* roy. *Com. I, 217.*

… eut audience avecques le Pape par trois foiz,… qui estoit
grant honneur *à* ung si petit homme. *id. II, 55.*

A a fréquemment la valeur de *pour* devant un infinitif :

et *à* chascune porte garder avoit XVIII hommes très fors et
josnes et bien armez. *Ass. 4.*

e, *à* ce fere, Morys ly promist c. livrez d'argent. *Foulq. 53.*

à avoir necte conscience couvient trois choses. *Mén. I, 61.*

à cuire poisson convient premièrement mettre l'eaue frémir et
du sel. *id. II, 187.*

car il ne luy faillit que une secousse de verges *à* nettoier sa
robe et ses chausses qu'il ne fust prest. *C. N. N. I, 166.*

et telles fosses fait len *a* prendre les bestes saulvages en grans
foretz. *Joyes. 3 (H.).*

il y a peu à faire *à* mettre debat entre les Françoys et les
Anglois. *Com. I, 330.*

et y avoit peu à faire *à* les entretenir en ce différend. *id. I, 334.*

Remarque. — Les deux expressions suivantes, qui
étaient très répandues dans la langue à cette époque,
se rattachent à cette signification de *à* :

1° *faire à* (1), au sens de *mériter d'être*.

dont *faites* vous bien *à* blasmer, quant vous éstes plus noblement vestus que li roys. *Joinv. 36.*

le sens de ceste patience *fait* moult *à* noter aux vindicatifs. *Ch. I, 24.*

comment humilité est convenable et *fait à* loer en hault prince. *id. I, 26.*

Jaques, telle damoiselle *fait* bien *a* amer et *à* loer. *Langl. 2.*

2° *prendre à* au sens de *se mettre à*.

tout cil qui là estoient *prisent à* plorer de pité moult tenrement. *Fr. I, 79. 18.*

si *print* doncques *a* dire ainsi. *Sages. 9.*

Après un verbe de mouvement la langue moderne omet généralement la préposition devant un infinitif, mais le moyen français employait souvent *à* dans cette construction.

mi neveu, venés *à* moy aidier. *Joinv. 277.*

qu'il venist en Engletere *à* receyvre ces terres. *Foulq. 51.*

il trouveroit bien moyen de faire venir le roy son maistre jusques à Amyens, et par adventure jusques à Paris, *à* faire bonne chere avecques le Roy. *Com. I, 320.*

pour le praticquer de venir en Italie *à* conquerir le royaulme de Napples. *Com. II, 117.*

aulcuns Suysses qui venoient *à* se offrir à combatre. *Com. II, 326.*

De (2).

On trouve aussi *de* avec la valeur de *pour*, comme dans les exemples suivants :

ce fu li om dou monde qui plus se traveilla *de* paiz entre ses sousgis. *Joinv. 680.*

ains feray tout mon pouvoir *de* vous et vostre filz conduire et remettre en vostre estat. *J. le B. 13.*

qui se appareilloit *de* soy vengier. *Mén. I, 192.*

---

1. Cette locution est très ancienne ; cf. *Roland,* 1516, 1174.

. Cf. Clairin, p. 242.

si avoit-il une industrie *de* bien garder le sien et conduire sa marchandise. *C. N. N. I, 106.*

je me suis plusieurs foiz présentée *de* faire mon devoir. *id. I, 202.*

et la bonne femme... s'advança *de* parler. *id. I, 268.*

si se cuida avancer *de* la baiser. *id. I, 293.*

car le Roy travailloit *de* faire paix avecques le duc de Bourgongne. *Com. I, 271.*

ces sages travaillient *de* preserver vostre filz. *Sages 149.*

assez... puissant *de* ce faire. *Sa. 33.*

Remarquons également l'emploi de *de* après le verbe *être* :

hélas ! qu'est il *de* faire, ma bonne seur et m'amye ? *C. N. N. I, 139* (1).

ung si puissant duc... estoit *de* craindre. *Com. I, 248.*

Si Dieu n'eust voulu troubler le sens au duc de Bourgongne et preserver ce royaulme... est il *de* croire que ledit duc se fust allé. *id. I, 287.*

Pour.

Pour, qui se trouve ici dans une de ses fonctions traditionnelles, ne donne lieu à aucune remarque.

On notera cependant la tournure suivante, où un pléonasme *pour cuider* se substitue à la préposition simple devant un infinitif :

messire Pierre de Broisé, qui estoit parti de la bataille d'ovecques le roy *pour cuyder* rallier les gens de la ditte avantgarde. *Mich. 74.*

car il estoit venu *pour cuyder* faire son prouffict et s'enrichir. *Com. I, 407.*

ne n'y fit tant de choses *pour y cuyder* mettre remede. *id. II, 74.*

et tant pour ceste cause... et *pour cuyder* retourner en liberté. *id. II, 160.*

L'autre exemple est des III Maries qui vindrent le bien matin de Pasques *pour cuidier* oindre Nostre Seigneur. *Chev. 208.*

1. Cette locution se trouve aussi dans La Fontaine ; cf. Haase, *XVII siècle*, p. 306.

Et adoncques quant ilz sont cheus en icelles fosses ilz sont fort
esbahis, et tournient *pour cuider* trouver manière comment ilz
en pourront issir. *Joyes (J) 3.*

En.

A côté de *à*, *de* et *pour*, on employait aussi *en* dans
un rapport de but, devant un infinitif et quelquefois
devant un participe présent :

li roiz metoit granz couz et granz dépenz *en* tenir chevalierz et
arbalestierz. *Sar. 626.*

li roiz metoit granz couz *en* racheter les chetis Sarrazins que li
Chrestien tenoient. *id. 625.*

en ces choses areer mist-il jusques à midi. *Joinv. 266.*

je li demandai comment ce estoit que il ne metoit consoil *en*
li garantir. *id. 651.*

et les deus mille livres parisis... seront mis et emploiez *en* acha-
ter autres heritages et possessions. *Doc. 109.*

tu dois mettre diligence *en* garder ta personne et *en* garnir
ta maison. *Mén. I, 207.*

il dispendoit ce qu'il avoit *en* soy maintenir en ceste façon et
plaisirs mondains. *Sages. 88.*

et fut li dons demandés *en* remunerant les services que fais li
avoit. *Fr. II, 404.*

et ce sera à yaus matère et exemples de yaux encoragier *en*
bien faisant. *id. I, 3. 11.*

En désigne toujours le but devant des substantifs,
par exemple, *aller en pèlerinage*, cependant on ne
dirait plus dans la langue moderne :

ung marchant,... lequel... alloit *en* marchandise. *C. N.N. II, 53.*

ceulz qui l'appeloient *en* leur aide. *Prim. 70. E.*

ces choses yci soient escriptes *en* aultres generations si après.
Ps. CI. 19.

travaille *en* ce que tout pechié soit osté de la terre. *Prim. 60. J.*

5. — ATTRIBUT

Pour désigner une qualité ou une fonction attri-
buée à une personne ou à une chose, l'ancienne

langue employait les prépositions *à*, *pour* et *en*, ou un substantif en apposition sans préposition. Cette construction se rencontre après des verbes comme *avoir*, *tenir*, *donner* et *recevoir*, *couronner* et *élire*, et correspond soit au datif latin : *habere religioni*, soit au double accusatif : *feminam habere uxorem*.

A.

A ces deux tournures du latin classique le bas latin substituait souvent la préposition *ad* (1), et la même construction passa dans l'ancien français ; elle fut d'un usage courant jusqu'au XVIe siècle (2). Aujourd'hui on ne la trouve que dans quelques expressions telles que *tenir à honneur de faire qqch, appeler à témoin*.

Le moyen français employait ainsi *à* après les verbes :

appeler.

sinon que en vostre cueur au moins vous en deuillez et appelez Dieu *à* tesmoing. *Sa. 40.*

apporter.

au roy apporterent divers jolaus *à* present. *Joinv. 591.*

avoir:

nous espérons avoir de toy lignée et seigneur venant de toy *à* successeur. *Mén. I, 101.*

le cuens d'Arondel qui avoit *à* femme la fille dudit messire Huon. *J. le B. 17.*

1. Voir les exemples donnés par Bourciez, p. 49 : *ipsa vix Roma tantum mihi dare ad auxilia poterat ; feminam habere ad uxorem ;* etc., etc.

2. Brunot, *H. L.* II, 476.

j'ay eu le plus saige homme *à* père. *Chev. 286.*

sil vous plaisoit fait il que ne leussiez *a* desplaisir ie le vous diroie. *Joyes. 69. (H).*

couronner.

Pharamon, que yceulx couronnerent *à* primier roy de France. *Ch. I, 5.*

créanter.

et tant fist par son effort... que il le creanta *à* prisonnier. *Fr. II, 76.*

créer.

les aultres creerent ledit Mathias *à* roy. *Com. II, 93.*

donner.

si leur avoit donnet *à* chapitainnes un moult gentil prince. *Fr. I, 53.10.*

élire.

esleurent Pierre de Candrie *à* vrai et souverain évesque catholique. *Mons. II, 10 (W.).*

laisser.

et avoit laissiet *à* chapitainne, en lieu de li, monsigneur Renault son fil. *Fr. II, 148.8.*

prendre.

e comant sur ma benoysoun qe vus la prenez *à* espouse. *Foulq. 63.*

recevoir.

et la receurent *à* marquise comme il appartenoit. *Mén. I, 123.*

vous estes content de faire la chose devant luy et le acceptez *à* juge. *Mons. IV, 224 (W.).*

je ne le voil recevoir *à* abbei. *Joinv. 672.*

reconnaître.

vouloir recongnoistre *à* souuerain le Roy de France. *Chart. (E.).*

recommander.

(sc. une grant apertise d'armes)... c'on doit bien tenir et recommander *à* sage fait d'armes. *Fr. II, 75.11.*

réputer.

la quinziesme joye de mariage si est laquelle je repute *a* la plus grant douleur qui soit sans mort. *Joyes 79 (H.).*

sacrer.

quant Charles, ainsné filz du roy Jehan de France, se fu parti de Paris pour aller à Rains estre sacré *à* roy de France. *Ch. II, 5.*

tenir.

et pour ce est Sarre tenue *à* la plus loyale *à* son mary. *Mén. I, 81.*
et elle avoit tenu son mary *a* meschant par avant. *Joyes 53 (H.).*
mais les saiges tiendront telles parolles *à* grand follie. *Com. I, 209.*

En.

Cet emploi de *en* est un hébraïsme introduit par le latin de la Vulgate, où l'on trouve la préposition *in* exprimant ce rapport (1). Dans le moyen français *en* s'emploie surtout avec les verbes *élire, couronner, donner, avoir.*

li evesques... beney *en* abbei mon signour Jehan de Mymeri. *Joinv. 672.*
...fu couronné à Rains *en* roy de France. *Chron. 26.*
il fut enoint de sainte uncion *en* roy. *Prim. 24. G.*
car Edouart avant que il fust soushauciez *en* roy, avoit occis leur père en champ de bataille. *id. 98. G.*
celi Phelippe fu couronné *en* roy à la cité de Rains. *id. 88. J.*
et le philosophe dit que nous n'eslisons pas les jeunes *en* princes. *Mén. I, 202.*
et pour sa sainte vie il fut esleu *en* abbé. *Chev. 61.*
et fut icellui filz sur les fons nommé Josse, ja soit ce que nulz dediz parens et marines n'eussent ainsi *en* nom. *Mons. V. 50 (W.).*
desquelz j'en euz trente mil escuz content *en* don dudit roy. *Com. II, 120.*
Fouke prist le chyval sire Druz, sy l'amena et le manda *en* present à sire Druz. *Foulq. 80.*

1. Cf. *dedi te in lucem gentium; unxeruntque David in regem super Israël* (Trenel, p. 636).

lors réquist ledit vaissel *en* don. *Ch. I, 25.*

monseigneur son frere donna ceans *en* don ces machoueres et ces os de bras de monseigneur Sainct tel ou tel. *Sa. 228.*

Pour.

La préposition *pour* a servi de tous temps pour exprimer ce rapport (1) et ne donne lieu à aucune remarque ; en voici quelques exemples pour le moyen français :

il fut jugié *poar* mort de toute la multitude. *Prim. 70. F.*

me tenez vous *pour* si simple et si sote que... *Tr. 172.*

et en ce cas ie le tien *pour* perdu. *Joyes 50 (H.).*

la est le bonhomme en la nasse bien enclos en douleurs quil repute *pour* ioies. *id. 61.*

lequel se tint *pour* deceu. *Com. I, 428.*

je te veul donner à li *pour* fame. *Ass. 5.*

Sans préposition.

La construction sans préposition subsiste toujours dans la langue moderne (2), mais elle est moins fréquente que dans l'ancienne langue. On remarquera surtout son emploi après *avoir*.

il avoit non Symon. *Joinv. 45.*

des quelz filz li ainsnés eut nom Edouwars. *Fr. I, 10.15.*

il est tout certain que les Juifs et les Juifves... ont si abhominable ce péchié. *Mén. I, 67.*

je, pour accomplir voz armes, ai compaignon mon propre nepveu. *Sa. 101.*

auoit auecques lui compaignon messire Denys de Chailly. *Chart. (E.).*

et peult estre que Nostre Séigneur eust aggreables les services de son pere. *Com. II, 92.*

1. Cf. Meyer-Lübke, III, 405.

2. Cf. On le proclama empereur, etc. (Ayer, p. 467).

III

RAPPORTS DE TEMPS

Les rapports de temps se divisent en quatre catégories suivant qu'ils indiquent la simultanéité (le
moment et la durée de l'action),l'antériorité et la pos-
tériorité (ce qui précède, ce qui suit un moment
déterminé), ou enfin la proximité.

Lorsqu'on passe à l'étude des prépositions qui
marquaient ces divers rapports dans le moyen français, on est amené à constater la même incertitude
d'expression qu'on a déjà vue dans les rapports de
lieu. Ainsi, pour indiquer le moment de l'action on
avait le choix entre *à*, *en*, *de*, *sur*, *pour* et *par*, tandis
que la langue moderne emploie presque toujours *à*
ou un complément circonstanciel sans préposition.
Par, dans un rapport de durée, était en lutte avec
pendant et *durant*, devant lesquels il tendait à disparaître par suite de la préférence de la langue pour
les expressions spéciales. *Ains*, *avant* et *devant* servaient tous à marquer le rapport exprimé aujourd'hui
uniquement par *avant*, et *de*, *puis* et *très* partageaient
les fonctions de *depuis* et *dès*. De même les prépositions *contre*, *environ*, *entour* et *endroit*, qui indi-

quaient une proximité de lieu, s'employaient indifféremment à côté de *vers* et de *prés de*, pour désigner
une proximité de temps.

I. — SIMULTANÉITÉ

A. — Moment de l'action

A.

La langue s'est servie de tous temps de la préposition *à* pour indiquer ce rapport (1); on remarquera
cependant que dans certaines expressions où le
moyen français employait cette préposition la langue
moderne lui préfère un complément circonstanciel
sans préposition.

Aucunz ouvriers sont a Paris qui vont par les rues et par les
places *aus* diemenches et *aus* festes. *Mondev. 12.*

et *au* matin, le mercredi ensuiant, le roy envoya au chastel
monseigneur Ernol de Courtferrant. *Prim. 43 C.*

au moins jeunez *au* vendredi. *Chev. 15.*

une dame estoit qui avoit de bonnes robes et de riches, mais
elle ne les vouloit vestir *aux* dimenches ne *aux* festes, *id. 58.*

ainsi fu fait et vint *au* soir en l'hostel Lucresse. *Mén. I, 72.*

au tierc jour apriès, il entendi... *Fr. II, 92. 3o:*

mieulx vallent les robes que elles laissent a leurs chamberieres
que celles qui ie porte *aux* dymenches: *Joyes. 11 (H.).*

à l'endemain l'une d'elles se mist au chemin. *C. N. N. I, 114.*

je te promectz qu'*a* cestuy jour mon filz sera pendu. *Sages 81.*

l'endemain *au* matin, qui estoit à ung jour de dimanche. *Com.
I, 158.*

lequel il rencontra l'endemain *au* matin, qui fut *au* jour de Pasques. *id. I, 217.*

et dura sa maladie... depuys le lundi jusque au sabmedi *au*
soir. *id. II, 72.*

A s'employait aussi après *dès*, comme dans la
locution moderne *dès à présent* :

1. Meyer-Lübke, III, 451.

dès *à* ceste heure là delibera de traicter paix. *Com. II, 3₇.*

dès *à* l'heure commença le roy a faire praticquer les gouverneurs de Gand. *id. II, 4₇.*

mais aussi bien ai-ge perdu mes clefz dès *à* matin. *Joyes (J.). 63.*

En

En est également moins employé avec ce sens dans la langue moderne ; aujourd'hui on le remplace le plus souvent soit par *à*, soit par un complément sans préposition :

En l'entrée des Advens, se esmut li roys et li os pour aler vers Babiloine. *Joinv. 184.*

et ensurquetout *es* jours d'ore les nobles et les princes les croient. *Mondev. 16.*

deus solz parisis de fons de terre, dehus chascun *en* le jour de la Seint Remy. *Doc. 4₇.*

et l'endemain, le mardi, c'est assavoir *en* l'uitiesme jour que le roy estoit monté en la nef, les vèles furent tendues derechief. *Prim. 42. J.*

et ce fu le jour del vendredi, *en* la feste saint Cler et saint Ernoul. *id. 46. C.*

je veuil qu'il dorme *en* ceste nuit avecques toy pour les mandagores que ton fils a apporté. *Mén. I, 89.*

et *en* la fin détermina en son cuer. *id. I, 103.*

de boire et de mangier *ès* droictes heures. *Chev. 14.*

aprèz, *en* fête de Penthecouste, vint messire Willaume de Juley. *J. le B. 36.*

et entrèrent li signeur et ceulz qu'il veurent avoir avoech yaus, *en* une matinée, en le cité de Nantes. *Fr. II, 113.12.*

pour avoir parlé à lui en l'oreille *en* nostre partement. *Com. II, 289.*

... lui cassa la teste tant qu'elle morut *en* l'eure. *Sages 33.*

Remarque I. — De même que dans l'expression d'un rapport de lieu, *en* se renforçait quelquefois de l'adverbe *enz,* construction qui s'est conservée jusqu'à l'époque de Froissart.

si avint *ens ou* temps que li rois englès estoit par deçà. *Fr. II, 49.16.*

ens ès festes de le Pentecouste. *id I, 44.16.*

Remarque II. — L'emploi de *au* dans la langue moderne pour indiquer les saisons et les mois vient probablement de la confusion de *au* et *ou* déjà étudiée plus haut (p. 21); c'est ainsi qu'on explique les expressions *au printemps, au mois de mars, en automne, en mars.*

donné à Paris... *ou* mois de fevrier. *Doc. 251.*

(les pourceaux) naissent communément *ou* mois de mars. *Mod. 66.*

la pluye qui chiet *en* printemps. *Ch I, 32.*

aprez la feste Saint Lambert, *ou* moys de septembre. *J. le B. 153.*

De

De s'employait également dans ce sens, suivant la tradition latine (1), il est pourtant moins fréquent que *à* et *en.*

ilz maînnent bien leur ost vingt ou trente-deux liewes loing, que *de* jour que *de* nuit. *J. le B. 47.*

là fu Christofles, cilz grands vaissiaus, auques *de* commencement reconquis des Englès. *Fr. II, 36.30.*

et gaegnièrent li Haynuier, *de* venue, les premières bailles. *Fr. II, 67.17.*

de première venue prinrent grand nombre de paysans. *Mons. V, 79 (W.).*

*d'*entrée ilz prindrent ce faulxbourg qui est devant l'Eveschié. *Com. I, 239.*

et *de* présent je suis appareilliée de retourner en la maison mon père. *Mén. I, 117.*

qui *de* present est royne d'Angleterre. *Com. II, 8.*

ceulx que j'avoye voulu mectre hors de la ville le temps passé... avoient *de* ceste heure le bon credit. *id. I, 213.*

et si le Roy y eust envoyé *d'*heure, il eust pris le chasteau. *id. II, 232.*

1. Cf. Meyer-Lübke, III, 452 et Clairin, p. 194.

Pour

La fonction propre de *pour* est de marquer une destination de temps (1) ; quelquefois cependant cette idée est presque entièrement perdue de vue, et *pour* indique simplement le moment de l'action.

mois pou luy valloit chose qu'ils feissent *pour* l'eure. *Tr. 204*

je ne puis arrester *pour* maintenant ; force est que je m'en aille... *C N. N. I, 265.*

d'autres chiefz y avoit il que je ne nommeray pas *pour* ceste heure, pour briefveté. *Com. I, 14.*

Edouard d'Angleterre, qui *pour* lors regnoit. *id. II, 1.*

ceux qui verront ces Memoyres *pour* le temps advenir. *id. II, 1.*

pour le temps que je l'ay congneu, n'estoit point cruel. *id. I, 390.*

Sur, sus.

Cette acception de *sur*, qui était inconnue à la vieille langue (2), a pris un grand développement pendant la période du moyen français ; puis, après avoir été très répandue jusqu'au xvii⁰ siècle, où cette expression servait même à indiquer les dates (3), son usage s'est de nouveau restreint dans la langue actuelle :

quànt ce vint aprez nonne *sur* le vespre. *J. le B. 50.*

car les plus appertes et les plus saiges s'en tiennent *sur* lè derrenier pour moquées et diffamées. *Chev. 265.*

ainsi périront et mourront *sur* heure. *Mén. I, 172.*

il se partirent un jour, *sus* l'eure du souper. *Fr. I, 85. 17.*

et là eut il, *sus* un jour qu'il y ordonna, son conseil assamblé. *Fr. I, 91. 25.*

et vint celi jour, *sus* le soir, à Gand. *id. II, 39. 10.*

et se parti droit *sus* l'eure dou disner messires Amauris de Cliçon. *id. II, 175. 11.*

1. Meyer-Lübke, III, 454.
2. Cf. Waldmann (A.) p. 20.
3. Cf. Haase, xvii⁰ siècle, p. 369.

et proummisent que, *sus* ung jour qui ordonnéz estoit, il lairoient une porte ouverte. *id. II, 3 1 6.*

qui *sur* ce jour avoit mis la royne à dormir. *Sa. 8.*

et *sur* l'heure dont je parle, vint devers ledit seigneur ung gentil homme. *Com. I, 304.*

sur la fin y vindrent les comte d'Armignac, duc de Nemours. *id. I, 66.*

ledit messire Jacques de Passi fut prins *sur* la propre heure. *id. II, 29.*

quant vint *sus* le jour la femme se leva. *Sages. 95.*

et ce sermon fist il venir à point *sur* le blancq ioeudi, *Maill. 22.*

Par.

Enfin un moment indéterminé s'indiquait souvent au moyen de *par* (1), construction qui a généralement fait place à un complément sans préposition :

si avint *par* un dimenche qu'elle estoit moult longue (sc. à s'habiller). *Chev. 70:*

vint *par* un samedi li contes Guillaumes de Haynau. *Fr. I, 162. 16.*

elle arriva *par* ung jour de dimenche en ung gros village en Artois. *C. N. N. I, 48.*

ne sçay quans jours après, *par* ung lundi matin. *id. I, 92.*

la maladie dont il partit de ce monde, *par* ung lundi. *Com. II, 70*

B. — Durée.

Par.

Dans la vieille langue la durée de temps s'exprimait au moyen de *par* (2), conformément à l'emploi de *per* en latin, et cet usage se conserve encore dans le moyen français. A cette époque, cependant, *par* se trouve en concurrence avec les nouvelles préposiLions *pendant* et *durant* (3), devant lesquelles il disparaîtra entièrement avant le xvii° siècle.

1. Cf. Meyez-Lübke, III, 452.
2. Cf. Meyer-Lübke, III, 453.
3. Voir ci-dessous, p. 5.

ou se l'en les lairra es plaies *par* aucun temps. *Mondev. 588.*

ainsy demourasmes là *par* trois jours. *J. le B. 64.*

et dura la cace de ceste desconfiture *par* deus jours et *par* deus nuis. *Fr. I, 10.*

si se herbergièrent et rafreschirent en ceste abbeye *par* trois jours. *Fr. I, 27. 22.*

si attendi *par* trois jours ses gens qui venoient en siewant l'ost. *Fr. I, 107. 8.*

qui *par* soixante jours avoient eu vent contraire. *id. II, 150.20.*

lesquelz ont esté prisonniers en Bretaigne *par* longues années. *Com. I, 247.*

car leur debat avoit esté plaidoié devant luy *par* plusieurs jours. *id. I, 434.*

Notons aussi l'emploi de la locution *par l'espace de* pour marquer une durée de temps :

ce que je vi et oy *par l'espace de* sis anz. *Joinv. 9.*

et là séjourna la dame *par l'espace de* huit jours. *J. le B. 14.*

sy se hébergèrent et rafreschirent en celle abbaye *par l'espace de* trois jours. *id. 16.*

par l'espace de quinze jours que illec sejournerent. *Sa. 245.*

A côté de *par* on trouve aussi quelquefois dans le même sens le composé *parmi* (1).

et dura (le siege) *parmy* cel estet tout jusques a le Saint Remy. *Fr.* (Godef).

adonc s'en vint li sirez de Gadugal... entre le chité et messire Henry de Pennefort, et lez encloi avoecq se routte, *parmy* tant que chil de l'ost, qui estourmit estoient, leur revinrent par derière. *Fr. II, 276.*

De

De est surtout fréquent pour exprimer ce rapport après un verbe négatif (2) ; on rencontre encore cette construction dans la langue moderne.

li Crestien, qui estoient alé dedenz la cité en pelerinage n'en porent onques issir *d'*une grant piece. *Sar. 639.*

1. Cf. Raithel, p. 73, et Renzenbrink, p. 8.
2. Cf. Nehry, p. 13; Clairin, p. 195.

onques hom lays de nostre temps ne vesqui si saintement *de* tout son temps. *Joinv. 4.*

Oé doit estre salée *de* trois jours naturels. *Mén. II, 133.*

et adoucit une esperance *de* temps ma langue. *Tr. 119.*

et par advanture naura menge le bon homme *de* tout le jour. *Joyes. 22 (H.).*

vous aves plus perdu que vous ne gaingn eres *de* deux ans. *id. 27.*

et là fut il ensevely entre deux linceux sans s'esveiller bien *de* deux jours après. *G. N. N. I, 42.*

vous ne fustes en allé *d*'un mois, qu'elle ne tro ussa pignes et miroirs et s'en alla *id. I, 123.*

car *de* dix ans qu'il a esté en nostre compagnye jamais nous n'avons veu ne perceu qu'il fut enclin ne qu'i fit telle chose. *Sages. 75.*

A.

Les exemples suivants, où *à* est employé dans ce sens, sont exceptionnels (1) :

car le coq est si beste qu'il ne fait *à* journée que li querre vitaille. *Joyes. 68 (J.).*

madame, fait elle, il ne m'a finé *à* journée de prier. *id. 102.*

mais onques *à* ma vie je ne vis follie en ma dame. *id. 129.*

et le roy avoit adonques le cuer si dur de couroux qu'il ne poeut *à* grand pièce respondre. *J. le B. II, 138.*

Au long de.

La locution *au long de,* qui sert le plus souvent à exprimer un rapport de lieu, s'emploie d'une manière correspondante pour exprimer dans le temps un rapport de durée ; ce dernier emploi est d'ailleurs peu fréquent.

et en Septembre doit-l'en voler tout *au long du* jour sans retourner à l'ostel. *Mén. II, 310.*

---

1. Dickhut (p. 58) donne quelques exemples de cette construction dans la vieille langue ; cf. Ne l'amerai *à* trestut mun vivant. *Roland* 284.

et va *au long de* l'an en plusieurs lieux. *Joyes (J.) 95.*
et c'est de quoy i'ay volu touchier tout *au long de* ce Quaresme.
Maill. 16.

Pendant et durant (1).

Les deux prépositions *pendant* et *durant* qui ont tout à fait remplacé *par* dans l'expression du rapport de durée étaient à l'origine des participes présents employés dans une construction absolue, comme dans les exemples suivants :

Durant.

et commanda que nulz ne feist euvre les nocces *durantes. Ass. 11.*

et aussi, ses mutacions *durans*, adviennent toutes et innumerables perplexités. *Or. 64.*

ceste souffranche *durant*, li comtez ne laissa miez pour ce que... *Fr. II, 283.*

le triewe *durant*, qui fu prise entre le duch de Normandie et... *Fr.II, 26.18.*

les grans joyes qu'elle povoit avoir *durans* les saincts mistères qui furent en l'Annonciation. *Joyes (J.) 5.*

car je y fuz plusieurs foiz *durans* ces differans. *Com. I, 198.*

Pendant

nous en irons, fist il, tout ce *pendant* aussi comme si nous deviens aler vers Damas. *Joinv. 580.*

le Roy fut ce *pendant* à Beauvaiz. *Com. I, 188.*

pendans ces six sepmaines ou envyron qu'il sejourna... *Com. I, 370.*

ce temps *pendant* que ledit duc mist à venir. *id. I, 240.*

dont il avint un jour, le siège *pendant*, que... *Fr. III, 25,14.*

La locution est aussi quelquefois précédée de *en* :

en che *pendant* que li roys venoit vers Ewruich... *Fr. II, 334.*
et *en* ce temps *pendant* la fille accoucha. *C. N. N. I, 80.*

Leur emploi comme préposition date du XIII⁰ siècle ; en voici quelques exemples :

1. cf. Renzenbrink, p. 40 ; Meyer-Lübke, III. 426.

Durant :

des enfanz que il pourroient avoir ensemble *durant* leur mariage. *Doc. 108* (1331).

Et *durant* ces devises, il se despoille. *C. N. N. I, 112.*

durant le temps que je parleroie. *Sages, 76.*

jamais, *durant* ces divisions passées, il n'avoit voulu avoir intelligence avecques les Anglois. *Com. I, 248.*

Pendant.

... Comment Troylus,... s'en amoura de la belle Brisaïda *pendant* le temps que les Grecs tenoient le siège à Troye. *Tr. 120.* (Renzenbrink).

2. — ANTÉRIORITÉ

Ains.

Cette vieille préposition est déjà peu fréquente dans le moyen français, mais elle persiste cependant au cours de cette période et Marot s'en sert encore au XVI° siècle (1).

e diseyent qe lur testes *eynz* la vesprée seroient assis al haut tour de Salobures. *Foulq. 68.*

comme faisoit saint Paul, *ains* sa conversion. *Ch. I, 32.*

il esperoient à faire un grant fait *ains* leur retour. *Fr. II, 122. 3.*

mais, *ains* son departement, se courrouça moult durement. *Mons. III, 132* (W).

Avant.

A côté de *avant*, qui seul est usité dans l'expression d'un rapport de temps par la langue actuelle, on trouve *devant*, *davant* et *de devant*.

il est ainsi que *devant* hier, si comme j'aloie en nostre hostel. *Chev. 280.*

le vendredi *devant* Penthecouste. *Joinv. 146.*

et tous jours ne s'en aloient à leurs tentes *devant* la nuit. *Prim. 52. E.*

1. Cf. Græfenberg, p. 113.

se on se voloit lever *devant* mienuit *Fr. I, 55. 23.*

environ une bonne heure, ou plus ou mains, *devant* l'heure assignée dessus dicte. *C. N. N. I, 159.*

une heure environ *devant* le jour. *C. N. N. I, 227.*

son loger, lequel fut à ses fourriers livré deux jours *de devant* sa venue. *Sa. 101.*

davant le jour elle se plaint et mignote. *Joyes. I, 43* (J).

Devant un infinitif le moyen français employait les quatre formes, *avant, avant de, avant que,* et *avant que de* :

avant se separer d'eulx. *Com. I, 57.*
avant se lever de champ. *id. I, 127.*
grant temps fut passé *avant de* cesser. *Sa. 113.*
et *avant que* se seoir à table. *Com. I, 296.*
avant que mettre le siege. *id. II, 24.*
avant que de descendre. *Sa. 265.*

On remarquera encore l'emploi comme préposition du composé *auparavant,* usage condamné par Vaugelas (1) :

jamais despuys il n'eut l'entendement si bon qu'il avoit eu *auparavant* ceste bataille. *Com. I, 358.*

Dedans

Le moyen français employait très fréquemment le composé *dedans* pour indiquer la période avant la fin de laquelle une action doit s'accomplir :

je seroie gueriz *dedans* dous jours. *Joinv. 324.*
soyez tout seur que *dedens* dix jours je seray ycy. *Tr. 238.*
car *dedens* dix jours vous orés nouvelles dou roy d'Engleterre. *Fr. II, 31. 18.*
et promisdrent les bailler *dedans* l'endemain huit heures. *Com I, 101.*
nous avons à paier *dedens* huyt jours telle chouse et telle. *Joyes (J.) 29.*

1. Cf. Vaugelas, II, 207.

En (1)

Le rapport de destination de temps, qui se rattache également aux rapports d'antériorité, s'est toujours exprimé de préférence au moyen de *à* ou de *pour*, mais on trouve aussi la préposition *en*, comme dans le rapport de lieu correspondant (2). Cette acception de *en* n'a toutefois jamais été répandue et ne se rencontre guère de nos jours que dans les expressions *d'aujourd'hui en huit*, etc. :

et que ce soit chose ferme et estable *en* perpetuité. *Doc. 48* (1329).

et ceulz qui en mengeront ne mourront jà *en* pardurableté. *Ass. 10*.

nostre sires regnerait a tout jour mais et *on* siècle dou siècle. *Ps. IX, 40*.

Sire, a ta maison affiert et appartient qu'elle dure et perseveire *en* maint belz jour. *id. XCII, 7*.

En a également cette valeur dans l'expression *en ça*, au sens de *jusqu'à présent* :

depuis aucun temps *en ça*. *Or. 22*.

mais les seigneurs de ceste maison de Bourgongne ont tousjours, au moints puys cents ans *en ça*, faict evesque qui leur a pleu. *Com. II, 38*.

qui vouldroit bien regarder aux cruelles et soubdaynes pugnitions que Nostre Seigneur a faiet sur les grans puys trente ans *en ça*. *Com. II, 376*.

3. — POSTÉRIORITÉ

De

Aujourd'hui, pour marquer le point de départ ou la période qui suit un moment donné, on emploie

1. Cf. Gerdau, p. 84.
2. Voir ci-dessus, p. 69.

dès, *depuis*, et quelquefois *de*, mais l'usage de cette dernière préposition est à peu près exclusivement restreint aux cas où elle est suivie de *à* ou de *en* : *de* huit heures *à* midi, *de* demain *en* huit ; il ne serait plus admis dans des passages tels que les suivants :

du commancement de la curation de ceste ulcere... soient ointes ces leivres de l'ulcere. *Mondev. 1552.*

chérie et honnourée de tous ceulx qui *de* s'enfance la congnoissoient. *Mén. I, 107.*

hommes qui estoient *de* long temps mariés. *id. I, 140.*

monsigneur Huon, c'on dist le Despensier, qui avoit esté neuris avoecques lui *d'*enfance. *Fr I, 12. 10.*

de maintenant nous pouvons vivre en bonne paix. *Sages 96* (1).

Puis, depuis

La proposition *puis* s'est conservée jusqu'au xvıᵉ siècle (2) où elle a fait place au composé *depuis* qui s'employait déjà au xɪvᵉ siècle à côté de la forme simple.

Puis

car il ne l'avoit veu *puis* les noces dont elle fu mariée. *Fr. II, 131. 18.*

lequel fu le cinquante-sixieme roi de France, *puis* le roy Pharamon dit dessus. *Ch. I, 6.*

quand il vint *puis* le disner. *C. N. N. I, 241.*

le cueur au dit marchant... le feist arrière sur la mer bouter cinq ou six mois *puis* son retour. *C. N. N. I, 102.*

oncques *puys* ladite maladie et douleur ne fut si saige que auparavant. *Com. I, 370.*

je l'ay maintes foiz ouy parler devant le Roy... encores *puys* deux moys. *id. II, 56.*

les aultres (maisons) faictes *puis* cent ans. *id. II, 208.*

1. Haase (p. 106) cite des exemples |analogues pour le xvıɪᵉ siècle.
2. Cf. Brunot, *H. L.* II, 381.

Depuis

depuis l'aube du jour jusques à la nuit. *Mén. I, 9.*
de puis le création dou monde. *Fr. I, 2. 15.*
ledict duc Philippes, qui *despuys* sa mort a esté appellé le bon
duc Philippes. *Com. I, 11.*

Très.

Dans l'ancienne langue on employait *très* comme
préposition au sens de *dès* et de *depuis* (1). Cet usage
se rencontre rarement après 13oo ; il subsiste encore
cependant chez Froissart.

et adonc vinrent grant gent de Flandres, car *très* le matin li
bailliux de l'Escluze l'avoit fet segnefiier à Bruges et ès villes
voisinnes. *Fr. II. 223.*

Dans le passage suivant Horbach traduit *très* par
pendant (wæhrend) et ajoute que cette valeur de
très est voisine de celle de *par* employé pour
indiquer la durée. Il me semble pourtant que *très*
marque ici le moment de l'action et que le sens est
analogue à celui de *dès*, comme dans le passage cité
plus haut ; on pourrait le rendre par une expression
telle que : « déjà de son vivant. »

et avoit *très* son vivant donné li rois Alphons à Henri l'ainnet
le conté d'Esturges. *Fr. VI. 185.*

Voici, du reste, un deuxième exemple de la même
locution :

Desquelz filz li ainsnés eut nom Edouwars, et fu rois d'Engleterre par l'acord de tous les barons *très* le vivant son père.
Fr. I. 10. 15.

Très était aussi employé dans ce sens comme

1. Cf. Horbach, p. 21.

adverbe ; cet usage se trouve pour la dernière fois dans Christine de Pisan.

li Escot en sont ralet *très* devant le mienuit. *Fr.* I. 70. 18.
celuy Bertram de Clequin, *très* en l'aage de quinze ans... se prist a l'exercite des armes. *Ch.* II. 23.

Passé (1).

Ce participe est devenu une véritable préposition pendant l'époque que nous étudions ; les trois séries d'exemples suivants montrent son évolution :

Le participe suit le substantif et s'accorde :

et tiens que la my-août *passée*, les fumées ne sont de nul jugement. *Mod.* 8.
laquelle feste *passée* ledit empereur envoia Estienne... à Paris. *Mons.* I. 37. (Renzenbrink).

Le participe précède son substantif et s'accorde :

passée paciemment ceste tempeste trespersant les entrailles de Grisilidis laquelle fermement et en son cuer tenoit que sa fille fust morte et occise. *Mén.* I. *110.*

Le participe devient une préposition :

il est couché *passé* une heure. *C. N. N.* I. *195.*

Sur.

Sur a quelquefois pris le sens de *après* mais cet emploi est exceptionnel :

il vinrent en la chité de Nantes, et se trouvèrent, *sus* quinse jours, bien six mille hommes d'armes... *Fr.* II. *351.*
et puis se traissent devant la ville de Craais, qui aussi *sus* quatre jours entra en trettiet et se rendi. *id.* II. *403.*
Princes, tel art fait à loer Dont li enfant scevent ouvrer Qui en sont maistres *sur* trois jours. Deschamps. (La Curne).

1. Cf. Renzenbrink, p. 76.

Remarque. — Il reste à noter les deux expressions adverbiales *par après* et *en après*, qui se sont conservées jusqu'au xviie siècle (1).

lesquelles a pié devoient suyr et ferir tantost *en après*. *Sa. 201.*
et commença maintenant à flater, et *en après* à menacier son fils. *Mén. I. 179.*
lequel il estoit à marchander, *par après*, à la substantation et nourriture commune. *Or. 32.*

4. — PROXIMITÉ

Les prépositions *vers*, *contre*, *environ*, *entour* et *endroit*, déjà étudiées à propos du rapport de proximité de lieu (v. p. 50), marquaient également une proximité de temps.

Vers et ses composés.

Vers a rempli cette fonction à toutes les époques de la langue (2), et ne donne lieu à aucune remarque. Par contre les composés *envers* et *devers* sont plus rares dans cet emploi ; je n'ai relevé aucun exemple de la première de ces deux formes dans les textes de notre période et Reyelt n'en cite qu'un seul pour la vieille langue (3) :

Envers lo vesprae, *envers* lo ser, Doi lo revidren soi fidel. *Passion de Jésus-Christ, 107*. (Reyelt, p. 39).

D'autre part, *devers* était moins exceptionnel dans ce sens que ne le pense Reyelt, qui ne l'a constaté que dans Molière :

1. Vaugelas, I, 357.
2. Cf. Reyelt, p. 22, pour *vers* ; p. 39, pour *envers* ; p. 53, pour *devers*.
3. Voir cependant Michael, p. 44.

le marquis de Juley retourna de l'empereur *devers* la Toussains.
J. le B. 147.

il lui est ung pou amendé *devers* le jour. *Joyes (J.) 26.*

qu'il viengne *devers* le soir. *id. 53.*

devers le matin sont en toutes joies et liesses. *id. 58.*

... il a poussé sa chance, Et s'est *devers* la fin levé longtemps
d'avance. Molière, *Facheux*, 1. (Reyelt).

Contre.

Cette acception de *contre*, que nous trouvons
déjà dans la vieille langue (1), s'est conservée jusqu'à l'époque de Froissart.

quant ce vint *contre* la saint-Remy, je fesoie acheter ma por-
cherie de pors. *Joinv. 502.*

car *contre* les festes dou Noël tous li consauls d'Engleterre ..
doient est à Wesmoutier. *Fr* (Reyelt).

li rois d'Engleterre, *contre* li mois de mai, retourna. *id. I, 288.*

Environ, entour, endroit.

En ce qui concerne les prépositions *environ*, *entour*
et *endroit*, il n'y a rien à ajouter à ce qui a déjà été
dit à leur propos dans le chapitre des rapports de
lieu : (2)

Environ :

environ le soleil couchant. *Prim. 42, A.*

environ Pasques, l'an mil trois cens vingt et sept. *Fr. I. 41.
18.*

environ douze heures véez ci nostre marchant venir. *C. N. N.
I. 239.*

Remarque. — L'auteur de la *Chronique du Mont
Saint-Michel* emploie souvent la forme *viron :*

---

1. Comparez *Roland*, 1431 : *Cuntre* midi tenebres i ad granz. (Michael, p. 5, Reyelt, p. 80).

2. Voir ci-dessus, p. 60.

en l'an mil IIIIc cinquante, *viron* le commencement de juing. *Mich.* 57. 55. 58. etc.

Entour :

nous la trouvames *entour* l'eure de vespres. *Joinv.* 128.
et fist *entour* Pasques deffier le roy Edowart. *J. le B.* 34.
le vendredi aprez la Trinité *entor* tierce. *Sar.* 589.
l'an de grasce mil trois cens et quarante un, *entour* le feste de le Toussains. *Fr. II,* 113. 27.

Endroit (1) :

et estoit *endroit* le temps de saint Andrieu, qu'il est yver et sont les nuytz longues et froides et ennuyeuses. *Sages.* 37.

1. Cet emploi se trouve déjà dans la chanson de Roland ; cf. Michael, p. 9.

IV

RAPPORTS D'INSTRUMENT

———

I. — INSTRUMENT ET MOYEN

Pour indiquer les rapports d'instrument et de moyen, le moyen français se servait non seulement des prépositions *à*, *od*, *de* et *par* que la vieille langue employait déjà dans ce sens, mais encore de *en*, *avec* et *sur* ; en outre, on a ajouté à cette série d'anciennes prépositions qui à l'origine exprimaient toutes des rapports concrets, une nouvelle préposition spéciale : *moyennant*, dont la formation date de la première moitié du xivᵉ siècle. Ces diverses locutions n'ont encore aucune tendance à se différencier, mais en comparant leur emploi, on pourra constater à quels principes la langue moderne a obéi en rejetant ou en limitant certains emplois à l'avantage des autres.

A.

L'emploi de *à* dans l'expression d'un rapport d'instrument remonte au bas latin où l'on prenait déjà la préposition *ad* dans cette acception (1). Le passage

———

1. C. Bourciez, p. 92, Goelzer, *St. Avit*, p. 151, *St. Jérôme*, p. 330.

d'une idée concrète de lieu à une idée abstraite
d'instrument est étudié en détail pour le vieux français par Wilson, (p. 51,) et il suffit ici de donner
quelques exemples tirés des auteurs de notre période
où *à* peut être envisagé comme ayant soit une
valeur locale, soit une valeur modale.

li gaaingnour vont chascuns labourer en sa terre *à* une charrue
sanz rouelles. *Joinv. 188*.

nostre gent les recurent cruelment *as* espées et *as* lances.
Sar. 598.

sy vint et commança à filer *à* une quenouille de layne noire.
Chev. 127.

puis il vous convient traire iceulx limassons de la coquerette
au bout d'une espingle ou aguille. *Mén. II, 223*.

Il (l'esprevier) n'auroit plume sur lui qu'il ne remuast *au* becq
l'une après l'autre. *id. 305*.

que vous l'avez bien *à* vostre lucte monstré. *Sa. 265*.

A instrumental se trouve encore dans la langue
moderne, mais l'usage actuel ne coïncide pas avec
celui de l'ancien français. Ainsi on dit toujours
« pêcher *à* la ligne », mais on ne dirait plus comme
Froissart, « coper plançons de bois *à* leurs espées ».
(I. 59.9). Selon Lafaye (p. 70) *à* exprime seulement
l'instrument habituel avec lequel une action se fait;
lorsqu'il s'agit d'un instrument qui n'est pas généralement employé pour un certain usage on se sert
de la préposition *avec*, qui semblerait donc avoir
une valeur plus emphatique que *à*. Cette distinction
n'existait pas dans l'ancienne langue où *à* marquait
le rapport emphatique aussi bien que le rapport
ordinaire, valeur qu'il a gardée jusqu'à l'époque de
Rabelais (1).

1. Huguet, p. 287.

Adonques la prit (le serpent) et la gita en sus de soi *a* la main. *Sar. 578.*

mès ceulz froisoirent les sereures des portes et les verrous *à* congniées. *Prim. 10. A.*

il envoia aucuns de ceulz de l'ost pour couper les piez des montaingnes, *à* piquois, *à* bèches et *à* heues et *à* autres instrumens. *id. 90. D.*

en autres lieux l'en les murtrist *à* touaillons. *Chev. 232.*

l'en luy dessevre *au* doit la pel de la char. *Mén. II, 212.*

et s'en vinrent combatre *as* haces, *as* espées et *as* glaves. *Fr. I, 137, 4.*

il la quist tant *au* pié et *à* la main qu'il la trouva. *C. N. N. I, 169.*

je mesme, *à* mes deux mains vous occiray. *id. 40.*

tenant l'arbre *à* l'une des mains. *Sages 81.*

et (le senglier) se print *a* deschirer et a despiecier l'arbre *a* ses dens et *a* ses piez. *Id. 15.*

Les Anglois tastèrent a leurs lances si là endroit pourroient passer. *Chart. (E.).*

En même temps on se servait de *à* dans des cas où la langue moderne emploierait *de* :

ils chevauchierent tant que ils virent lour ennemis *aus* yex. *Joinv. 531.*

tous *à* une voix disoient. *Mén. I, 107.*

On remarquera que la distinction actuelle entre *à* et *par* pour désigner « l'objet à l'aide duquel on forme une induction » (cf. Lafaye, p. 71) ne s'était pas encore faite dans la langue de cette époque :

vous porrez congnoistre *à* ses lettres si vous devez avoir encores esperance en elle. *Tr. 280.*

un chevalier de Normendie, le quel il recogneut *par* ses parures. *Fr. II, 32, 22.*

A sa manière de faire elle a bien monstré qu'il ne luy challoit si nous deshonnorions l'un l'autre. *C. N. N. I, 217.*

Enfin, *à* s'agglutinait à l'adjectif *tout* dans l'expression de ce rapport comme dans ses autres emplois : (1).

---

1. Cette locution s'emploie encore au XVI° siècle ; Cf. Darmesteter et Hatzfeld, p. 274.

elle la dessira *atout* les dens comme enragée. *Sages. 68.*

Dont incontinant le filz *atout* son glayve coupa la teste a son pere. *id. 90*.

O, od. (1).

O, od, dont le sens primitif d'accompagnement était très voisin de celui de *à*, servait aussi dans l'ancienne langue à indiquer l'instrument et le moyen ; mais cette préposition devient de plus en rare, bien qu'elle ne soit pas encore entièrement disparue à la fin du xiv* siècle comme l'affirme Raithel.

quand nous qui or sommes et nos predecesseurs avons aquis de cyrurgie, en alant et en decourant en chascun lieu par terres perilleuses et en faiz d'armes et par estuides renommees *o* grant grief et *o* lonc travail de nos cors et *o* grans despens et *o* grans souffraites et *o* tres griès perilz de nos personnes. *Mondev. 8.*

...doit conforter son pacient *o* douces paroles et soueves. *id. 554.*

à chef de piece, il print courage, et, *ou* l'ayde de sa femme, ...il fut remis sur piez. *C. N.N. I, 30*.

mais se aide bien de ses membres, *o* l'aide qu'ilz y mectent. *Joyes. (J.) 92.*

(sc. un vieil ours) chevauché et chastré *o* une grosse barre de bois. *id. 118.*

et ainsi partit de la ville... *o* l'aide dudit Paul Orsin. *Com. II, 161.*

Avec (2).

O a été remplacé par *avec* qui s'emploie dès l'abord dans l'expression de rapports concrets, et dans la suite dans celle des rapports abstraits. Cette dernière extension de sens n'a eu lieu qu'assez tard, et ne coïncide pas avec la défaillance de *o*, car celui-

1. Cf. Raithel, p. 11.
2. Cf. Renzenbrink, p. 32.

ci, qui tend déjà à disparaître au xivᵉ siècle, se remplace le plus fréquemment par *à*, probablement à cause de la ressemblance phonétique. *Avec* est relativement rare dans l'expression de ce rapport avant 1500 ; les premiers exemples donnés par Renzenbrink sont tirés du *Roman de Troïlus* (fin xivᵉ siècle), où, en effet, cette acception de *avec* est bien plus fréquente que dans les autres textes de cette époque ; les seuls exemples antérieurs que j'aie relevés sont du *Roi Modus* et du *Psaultier*.

Tu me remplirais de liesce *avec* ta face et devant ti. *Ps. XV,* 11.

Ainsi... pourras tu trouver le cerf *avec* le limier. *Mod. 16*.

elle le regardoit *avecques* ses beaux yeulx si doulcement... *Tr. 174*.

et *avecques* estrange faczon de faire et divers engins de bouche luy tiray je ce que il avoit. *id. 152*.

Pour quoy gastez vous ainsi voustre belle personne *avecques* pleurs si cruels et desmesurez? *id. 224*.

et avint que *avecques* le confort des gens de piet, arbalestriers et aultres qui les sievoient, la proie fut rescouse. *Fr. II, 244*.

mais li dus de Braibant... brisoit et brisa tout dis couvertement la bataille, *avoecques* un grant moiien qui là estoit pour tretiier paix, trieuwes ou respit, madame Jehane de Valois. *id. II, 259*.

avec trois sols j'en ay eu deux paires de fins draps linges. *Sa. 54*.

avecques la force de ses bras boute Saintré. *id. 172*.

Et ne faiz nulle doubte que *avec* grant et saige conseil et encores ayent la grace de Dieu, fut faicte ceste loy et ordonnance. *Com. II, 15*.

ledit roy d'Angleterre l'eust secourue *avecques* bon nombre de gens. *id. II, 8*.

En (1).

On remarquera d'abord l'emploi de *en* avec des

1. Cf. Gerdau, p. 92.

verbes comme *vêtir*, *envelopper*, *laver*, *teindre*, *peindre*, où la préposition indique un rapport de lieu plutôt que d'instrument :

Car vous trouverez... en l'esglise de Nostre Dame de Roche-madour plusieurs tresces de dames et de damoiselles qui s'es-toient lavées *en* vin et *en* autres choses, que *en* pures lessives. *Chev. 112.*

s'enveloppent légiérement *en* infinies folies. *Ch. I, 10.*

celle Royne.... vestue *és* abis royaulx, larges, longs et flottans. *id. I, 20.*

deux lances... painctes *en* vermeil. *Sa. 153.*

une piece de veloux cramoysy, teint *en* poſrpre. *id. 222.*

L'emploi de *en* indiquant un rapport purement instrumental est un hébraïsme introduit par les tra-ducteurs de la Bible. Trénel (p. 636) cite les pas-sages suivants de la Vulgate où le latin *in* est em-ployé dans ce sens : « praeparavit orbem in sapientia sua » (*Jer. II, 19*), « in gladio et in peste visitabo super illam gentem » (*id. XXVII, 8*) (1). Ensuite on a attribué cette nouvelle acception à *en* en français ; voici des exemples tirés du *Psaultier de Metz* :

Tu les governeras *en* verges de fer. *II. 9.*

et annuncieir ta misericorde au matin et ta veriteit per nuit *on* psalterion de X cordes et *en* chanson. *en* la oythollo. *CXI, 2, 3.*

quar, Sire, tu m'ais delitieit *en* ton ouvraige et *en* ta faiture, et *en* œuvres de tes mains m'esjoirai. *XCI, 4.*

or soient tuit confundus qui aorent les ydoles et qui se glori-fient *en* ymaiges de lour ydoles. *XCVI. 7.*

Chanteiz et loeiz Dieu *en* cytholles et *en* voix de joieuse chan-son, *en* trompes et *en* busines, et *en* voix de trompes et de cornes. *id. XCVII, 7.*

looisse lou nom d'ycelui *en* instrument joieulx de musique, *en* thabour et *en* psalterion chantient a li. *CXLIX, 3.*

Cette valeur instrumentale de *en* n'a jamais été

1. Voir aussi Goelzer, *St. Avit*, p. 212.

complètement adoptée par la langue ordinaire ; notons cependant les expressions suivantes :

Celluy qui est occupé *en* bonnes œuvres. *Mén. I, 223.*

occupé *en* ses grans affaires. *Com. I, 2.*

ne lessai-je pas que je ne jeunasse tous les vendredis de quaresme après, *en* pain et *en* yaue. *Joinv. 326.*

Trés grant aumosnier estoit le roy Charles, si comme il a paru *en* pluseurs fondacions d'esglises et colliége que il fonda. *Ch. I, 32.*

Le Roy, resjoy d'avoir deus beauls enfens masles, fist célébrer *en* chants et sons mélodieus, par toutes esglises, louanges à nostre Seigneur. *Ch. II, 16.*

en basse voix luy dit. *Sa. 34.*

car il acquèrent et conquèrent le nom de proèce *en* grant painne, *en* sueur, *en* labeur, *en* soing, *en* villier, *en* travaillier jour et nuit sans sejour. *Fr. I, 4.25.*

(il) ne luy suffisoit pas de l'amer et servir *en* cueur seulement. *C.N.N.I, 91.*

ils se esioissent *en* la lecture et interprétation faulse. *Chart. (E.).*

la nature se esjouyst *es* chouses nouvelles. *Com. II, 51.*

toutes ces dames ont eu quelque malheur *en* leurs enffans. *id. II, 124.*

Remarque : Dans certains cas où *en* marque l'instrument il s'agit seulement d'une confusion entre cette préposition et *à*.

car on ne peut pas tousiors jouer *es* barres. *Joyes. 59 (H).*

... jouer *aux* barres. *Id. 77. (J).*

De.

La préposition *de* a servi de tout temps à désigner l'instrument, mais en ancien français son emploi était plus étendu qu'en français moderne. Aujourd'hui *de*, de même que *à*, marque seulement l'instrument habituel et ordinaire ; dans les autres cas on emploie *avec*, comme dans les exemples donnés par Ayer (p. 474) : « on frappe *du* pied la terre ; on frappe *avec* le pied une bête venimeuse. » Dans la vieille langue, pourtant, et encore dans le moyen français, *de* marquait tous ces rapports :

il se combatirent moult longuement *de* glaives et *de* lances. *Prim. 41. B.*

la Magdelaine.... quant elle lava les piés à Jhesucrist *de* ses lermes. *Chev. 194.*

Le sage roy Charles.:. regarda son peuple et royaume batu et désolé *de* longue et greveuse guerre. *Ch. II, 6.*

son pain... qui estoit *de* le sueur dou cheval tous soulliés et ordes. *Fr. I, 58. 15.*

l'en le doit laver *de* l'eaue de la char. *Mén. II, 135.*

elle ne savoit jouer *des* basteaulx de nuit, ne *des* balais. *Id. I, 147.*

car communément les pois ne cuisent pas bien *d'*eaue de puis. *Id. II, 134.*

prenez sel armoniac ou salmoniac et mettez tremper et fondre avec eaue : puis escripvez *de* ce et laissiez seicher. *Id. II, 250.*

qui *de* coustel tue, *de* coustel sera tué. *Sa. 41.*

et apres cela s'en alla le dit Saintré faire tailler aultres habille-mens *de* l'argent que la dame luy avoit baillé. *Id. 56.*

et couppa tous ses cheveulx *de* ce cousteau. *C. N. N. I, 215.*

on verra comment il se defendra *de* vostre habillement de guerre. *Id. I. 35.*

le lieu est deffendu *d'*une petite riviere. *Com. II, 186.*

Il est aussi à noter que *de* s'employait avec le même sens devant un infinitif :

chil de dedens se deffendirent longement, *de* traire et *de* getter pières et feu et pos plains de cauch. *Fr. II, 93. 7.*

si commencièrent à assaillir fortement *de* traire. *Id. III, 49. 26.*

Enfin, on remarquera l'expression elliptique *donner de*, suivie de l'instrument :

li hom lays... ne doit pas desfendre la loy crestienne, ne mais de l'espée, *de* quoy il doit donner parmi le ventre dedens. *Joinv. 53.*

Fouke se torna vers sire André de Preez, sy ly dona *de* sa hache en le healme de blanc asser. *Foulq. 32.*

il ne se tourna que ung homme à pied, qui lui donna d'ung vouge parmy l'estoumac. *Com. I, 35.*

Par (1).

Par, qui désigne l'intermédiaire, d'où le moyen de l'action, pouvait indiquer le rapport plus spécial d'instrument dans l'ancienne langue, fonction qu'il a perdue dans la langue actuelle :

tuèrent grant nombre, tant *par* lances comme *par* espées. *Prim.* *75. D.*

nostre Seigneur les ardy eulx et tous leurs biens *par* fouldres de feu et de souffre. *Chev. 114.*

et cil de dehors avoient fait chas et instrumens, *par* quoi on pikoit les murs. *Fr. II, 109. 18.*

en degastant le pays *par* feu et *par* espée. *Mons. I, 354.* (W.)

Dans les exemples suivants la langue moderne substituerait d'autres prépositions à *par* pour indiquer le moyen :

escrire *par* prose. *J. le B. 3.*

et leur dist *par* très bieau langaige. *Fr. II, 322.*

nous les pourrons bien vaincre de legier *par* l'aide de Dieu. *Prim. 33. G.*

et (qu'ils) soient tenus chaudement *par* feu ou *par* soleil. *Mén. II, 288.*

de tant qu'il avoit guerriiet *par* les Alemans et les Braibençons, il n'avoit riens fait. *Fr. II, 101. 18.*

et entendirent *par* les prisonniers que messires Loeis chevauçoit... *Id. II, 393.*

et desconfi celi roy et tous les barons d'Engleterre en une place en Escoce... *par* bataille rengie et arrestée. *Id. I, 10. 2.*

e prist towayles e lynceles, si porta en la tour, e les fist coutre ensemble e *par* els avala sire Water e sire Ernalt de la tour. *Foulq. 34.*

On remarquera également l'expression *par temps*, à laquelle la langue moderne a substitué *avec le temps* (2).

1. Cf Raithel. p. 22.

2. Les premiers exemples de la locution moderne datent du xvie siècle : « Tant mieulx ! elle en sera plus seure, Car *avec* le temps en s'affine. » Marot. Cf. Renzenbrink, p. 32.

Et senti bien que il devoit *par tens* trespasser de cest siecle à
l'autre. *Joinv. 738.*

si ayez espoir en Dieu que *par tems* vous en serez maistre. *Sa.
89.*

mais le Roy, en faveur d'elle, repara tout *par temps. Com. I,
279.*

L'emploi de *par* devant un infinitif pour indiquer
une action secondaire au moyen de laquelle l'action
principale s'accomplit était d'un usage courant jusqu'au xvii° siècle ; cette construction est maintenant
vieillie mais Littré en regrette la disparition.

Et les autres disoient que il avait tué [Loys, ainsné filz du roy,
par mengier viande empoisonnée. *Prim. 100. E.*

ilz soustrayent les biens de leur seigneur *par* flater et lober.
Mod. 67.

La quarte branche de ire si est quant par ton ire tu as esmeu
Dieu *par* jurer. *Mén. I, 38.*

car *par* trop boire et *par* trop mengier meurt-on. *Id. I, 59.*

par celle vertu de charité exerciter, on puisse empetrer grace
par devers nostre Seigneur. *Ch. I, 32.*

Donques, *par* ainsi escouter et retenir les nobles hystoires,
exemples et enseignements, pourrez acquerir la pardurable joye
de paradis. *Sa. 72.*

il s'estoit desmellé de guerre qu'il avoit eue contre les seigneurs
de son royaulme *par* largement donner et encores plus promettre.
Com. I, 256.

Le même rapport pouvait s'exprimer au moyen
du participe présent précédé de *par*, usage qui a disparu au xiv° siècle.

dont li roys ot, *par* la paiz fesant, grand coup de la terre le conte.
Joinv. 103.

et *par* faisant ce que dit est, il aura tousjours son regret et son
cuer à vous. *Mén. I, 174.*

Pour.

Il est intéressant de constater ici un point de contact entre *par* et *pour* : en effet, ce dernier, par une

extension de l'idée de motif ou de cause, pouvait marquer le moyen, de même que *par* dans un sens inverse pouvait servir à indiquer la cause (1).

et donc le roy, esjoï *pour* l'asamblée de tant de nobles hommes. *Prim. 25. B.*

ils furent mout forment enhardis *pour* les douces et gracieuses parolles que le roy leur avoit accordées. *Id. 27 H.*

le navire commença à estre si très fort demené *pour* la très grant force des vens. *Id. 41 J.*

et que vous soyez si sages en amours que *pour* la faulceté des femmes à la fin ne soiez à la mort conduit. *Tr. 303.*

chascun de uous sera quictes *pour* donner son dyamant en sa visière. *Sa. 214.*

et est toute la terre de l'Eglise troublée *pour* ceste parcialité. *Com. II, 170.*

Parmi (2).

Le composé *parmi*, dont le sens étymologique est analogue à celui de *par*, avait une valeur instrumentale dans l'ancienne langue ; cet usage a subsisté jusqu'à l'époque de Froissart.

Et li cuens de Champaigne vendi au roi, *parmi* les quarante mille livres, les fiez ci-apres nommés. *Joinv. 87.*

il auroit et tenroit ladite place heritablement *parmi* la somme de seze soulz parisis la toise. *Doc. 103.*

par vous mesme vous peussiez introduire *parmy* vostre paine et labour. *Mén. I, 4.*

et sour ce je ay ce livre fait, dictet et ordonnet *parmy* l'ayde de Dieu. *Fr. I, 209.*

mais i s'i esprouvèrent si bien et si vassaument, *par mi* un secours de Bruges et dou pays voisin qui leur vint, qu'il obtinrent le place et l'yawe. *Id. II, 38. 11.*

et avoec ce il leur eut en couvent, par tout son conseil et *parmi* une certaine somme de florins, que, se li rois englès, ses cousins, voloit le roy de France defflier souffissamment.... il le deflieroit ossi. *Id. I, 125. 8.*

1. Voir ci-dessous, chap. vii.
2. Cf. Raithel, p. 28, et Renzenbrink, p. 6.

Sur.

Cette acception de *sur*, qui était inconnue dans la vieille langue, (1) a pris une grande extension pendant la période qui nous occupe ; en voici quelques exemples :

Sus l'yawe de refection il m'ait governeit et norrit. *Ps. XXII, 2.*
paistre *sur* sa proie. *Mén. II, 3oo.*
je vous laisserai passer *sur* dix mil escus que vous paierés. *Fr. III, 4o, 14.*
tous se coulouroient *sur* le bien publicque du royaulme. *Com. I, 22.*
et (il) falloit qu'ilz vesquissent *sur* le peuple. *id. I, 22.*
toute ceste compaignée vivoit *sur* ses coffres. *id. I, 46.*
et *sur* cette querelle, conquist... le duc de Bourgongne, le duchié de Gueldres. *id. I, 262.*

L'exemple suivant est d'un intérêt particulier en ce que Froissart substitue *sur* à *par* dans un passage emprunté à Jean le Bel.

et reconquist celle noble dame tout son estat *par* le confort et conduite du gentil chevalier. *J. le B. 24.*
Ensi reconquist la ditte royne tout le royaume d'Engleterre pour son ainsné fil, *sour* le confort et conduit de monsigneur Jehan de Haynau. *Fr. I, 32, 18.*

Moyennant et moyen (2).

Enfin le moyen français a créé deux nouvelles prépositions pour exprimer ce rapport, *moyennant* et *moyen*. La deuxième de ces expressions, qui est un substantif employé comme préposition, a été très peu usitée, car je n'en ai rencontré d'exemples que dans le *Roman des Sept Sages.* Au contraire, la première devient d'un usage fréquent à partir du milieu

1. Cf. Waldmann (A), p. 29.
2. Cf. Renzenbrink, p. 55.

du xiv° siècle, bien que Renzenbrink n'en donne pas
d'exemples antérieurs à Froissart. Cette préposition
dérive du participe présent du verbe *moyenner* (1) ;
il est remarquable, pourtant, que tandis que Rabelais fait accorder *moyennant* comme participe (2),
les auteurs des deux siècles précédents n'offrent à
ma connaissance qu'un seul exemple de cet accord.

Participe.

Nous traitans et *moiennans* auvec lesdiz duc de Lorraine... 1314
(Ducange).

Préposition.

et *moyennant* droiture et miséricorde du pueple, il faisoit les
causes despeeschier hastivement. *Prim. 68.*

si fist tant..., *moyennant* sa corde, qu'il la tira dehors. *C. N.
N. I, 255.*

moyennant mon argent que j'ay presté. *id. I, 276.*

j'ay grant paour que je n'en trouve point de telle senon *moyennant* grant argent. *Sages. 127.*

je vous diray l'ung des biaulx exemples... *moyennant* lequel
vous vous pourrés garder de la infidelité et faulceté de toutes
femmes. *id. 150.*

Voici des exemples de *moyen* :

aujourduy *moien* l'aide de Dieu, j'entens delivrer l'enfant.
Sages. 149.

vostre personne tant noble et tant fructueuse, *moien* laquelle
les malades et indigens ont aide, confort et consolacion. *id. 73.*

tu me donras donques, sy te plait, sapience *moien* laquelle je
puisse cognoistre et discernir entre le bien et le mal. *id. 55.*

---

1. Le sens de *moyenner* à la base de la locution *moyennant* est probablement celui de « servir de médiateur » ; c'est le sens qu'on pourrait lui donner dans le passage suivant, bien que Godefroy le traduise
par « prononcer une sentence arbitrale » : « Et pourra ledit dean
quenoistre, ordener, prononcer et *meeisner* sus ledit descort, » (*Com-
promis de 1291*, Godef.). Comparez aussi le substantif *moyenneur* :
Il me pria que je fusse *moyenneur* de ceste besongne. *Tr. 264* (Godef.).

2. Cf. Renzenbrink.

Au moyen de.

Notons enfin l'emploi par Commines de la locution
au moyen de :

> et aultres Genevois, *au moyen desquelz* il esperoit faire tourner
> la ville de Gennes. *Com.*, *II*, *137*.

II — AGENT

Il reste à remarquer quelques particularités de
l'emploi des prépositions dans l'expression d'un rapport d'agent, qui est un aspect spécial du rapport de
moyen.

A.

L'histoire de la construction dans laquelle *à* est
employé pour indiquer l'agent après un infinitif
précédé de *voir, entendre, faire* et *laisser* serait un
sujet trop vaste pour entrer dans le cadre de cette
étude (1). Tobler explique cet usage en faisant du
complément de *à* un datif d'intérêt (Casus der Be-
teiligung) ; il me semble cependant, d'après les
exemples fournis par le moyen français, que dans
certains cas la préposition possédait à l'origine un
sens purement local et que celui-ci a acquis une valeur modale de la même manière que dans le rapport
d'instrument (2).

On a vu comment *à* dans l'ancienne langue pouvait équivaloir à *chez* et à *auprès de* pour désigner
une personne dans des expressions telles que : se

1. Cf. Tobler, *V. B.* I¹, p. 200, et Meyer-Lübke, III, 391.
2. Voir ci-dessus, p. 125.

conseiller à quelqu'un, s'informer à quelqu'un, (v.
p. 27). Cette même construction s'employait aussi
avec *entendre, voir* et *savoir* :

Le grant doumaige que li roys eust fait au peuple qui estoit en
sa nef, puet l'on veoir *à* Olivier de Termes qui estoit en la nef le
roy. *Joinv. 629.*

Alors le roi, comme saige prince, voult de bouche à bouche
savoir *à* Saintré s'il le confessoit. *Sa. 103.*

Damp Abbez... manda par ung de ses moynnes au maistre
d'ostel qu'il sceut *à* Madame se on retendroit le seigneur de Saintré au soupper. *id. 253.*

je veil savoir *à* ces gens si j'ay eu bon marché. *C. N. N. I, 240.*

Dans ces exemples, le complément de *à* représente non seulement le lieu où l'on se renseigne, etc.,
mais aussi le moyen par lequel cette action se fait,
construction qui ressemble à celle où *à* indique
l'objet à l'aide duquel on forme une induction :
*vous porrez congnoistre à ses lettres si vous devez
avoir encores esperance en elle* (1). Ensuite si ce
qu'on voit, ce qu'on entend, est une deuxième action
représentée par un verbe à l'infinitif, la personne
auprès de laquelle on la voit s'accomplir devient l'auteur de cette action.

Le premier des exemples suivants: *voir quelque
chose* et *ouïr dire quelque chose à quelqu'un* est une
combinaison de ces deux tournures.

en mariage a quinze seremonies selon ce que j'en puis faire
par l'avoir veu et ouy dire *à* ceulx qui bien le savoient.
Joyes (J.) 5.

car l'en a bien veu *à* une geline couver les œufs d'une paonne
avec les œufs d'une geline. *Mén. II, 256.*

qui a pitié de ses povres parens *à* qui elle voit avoir besoing.
Chev. 200.

1. p. 127.

se ilz veissent *à* un jeunes homs de lignaige faire chose qui à son honneur ne feust. *Chev.* 227.

escripre les passions que j'ai veu porter *aux* grans. *Com. II.* 342.

et ne veiz oncques recepvoir coup *à* homme des nostres que *à* Julian Bornel. *Id. II.* 280.

et en cel ost contre le roy d'Angleterre et contre les barons, li roys donna de grans dons, si comme je l'oy dire *à* ceus qui en vindrent. *Joinv.* 105.

j'ay ouy dire *au* bailli de Tournay qu'il a esté en plusieurs compaignies. *Mén. I.* 140.

lequel exemple je oys pieçà compter *à* feu mon père. *Id. I.* 237.

et ay bien fort ouy estimer *au* Roy ladite place. *Com. II,* 169.

A est également la préposition la plus usuelle dans nos textes après *faire* et *laisser*, mais on trouve également des exemples de *par* et de *de* :

Faire :

Biaus fiz, fist il, je te pri que tu te faces amer *au* peuple de ton royaume. *Joinv.* 21.

à un latimier qui savoit lour languaige et le nostre, il me firent prier que je lour montrasse le saint roy. *Id.* 565.

il se faingny estre malade et se faisoit servir *à* sa suer. *Chev.* 125.

car il estoit certain que l'amour du père, ne chière, ne festiement que on luy sceust faire, ne avoient autant de puissance de faire rompre *à* Brisaïda la promesse que elle luy avoit faitte. *Tr.* 296.

si luy osta le mantel et puis voult oster les esperons, mais le seigneur ne le voult pas souffrir, ains les fit oster *à* un de ses varlès. *Mén. I.* 166.

et en outre se sont fait moquer *à* tous. *Joyes* (J.), 23.

et en fist porter le corps *par* ses anges xiiij journées loing. *Chev.* 177.

et ces dames fist li rois englès bien garder et songneusement *de* trois cens armeures de fier et *de* cinq cens arciers. *Fr. II,* 35. 20.

Laisser.

Lessons le cy *aus* chiens mengier. *Fourn.* 6.

cellui ne le devroit laissier tenir ne paistre *à* autre fors à luy. *Mén.* II, 301.

laissez les dire *aux* prestres. *C. N. N. I,* 249.

Sy a cy bon exemple *à* toute bonne dame d'estre charitable et aumosnière, et non pas laissier avoir froit, fain ne mesaise *à* ses povres voysins. *Chev.* 218.

laissez faire *à* moy. *Sa.* 224.

Les passages suivants, où *à* est employé après un verbe passif, sont exceptionnels, et on y reconnaît facilement un datif latin, auquel les écrivains de l'ère mérovingienne substituaient souvent la préposition *ad*, comme dans les exemples cités par Bourciez (p. 44) : « visum fuit *ad* ipso, » etc.

une nouvelle tristeisce moult amère, qu'appartient à estre plourée *à* tous bons crestiens. *Prim.* 62. *B.*

mais il ne fu onques tenus pour saige ne *à* Dieu ne *au* siècle. *Joinv.* 559.

celi amé *à* Dieu et gracieux aus hommes. *Prim.* 62. *C.*

toutes les parolles, demandes et responses... furent tantost sceues *à* monsigneur Gautier de Mauni et *à* monsigneur Amauri de Cliçon. *Fr. II,* 173.25.

De et par.

La distinction actuelle entre *de* et *par* dans l'expression du rapport d'agent après un verbe passif, (1) était inconnue de l'ancienne langue (2) ; voici des exemples où l'on remplacerait maintenant *de* par *par*.

Les dis des anciens doivent estre desclairiez amiablement *de* leur successeurs. *Mondev.* 11.

et au soir moult de precieux vestemens furent donnez *des* barons aus menestrex. *Prim.* 89. *C.*

ses coustumes sont assez notoires, et pour ce me semble qu'il n'est jà besoing que elles soient *de* moy ne *d*'autres deffendues. *Tr.,* 292.

se on est feru *de* son prouchain, c'est *de* son frère crestien, sur une joe. *Chev.* 201.

1. Cf. Clédat, *Rev. phil. fr.* XIV, p. 218.
2. Brunot, *H. L.,* II, 476.

il fu receus à grant joie *dou* roy, *de* madame le royne et *de* tous les barons. *Fr. II, 100.25.*

vous ne serez jà reprouchée *de* gens de bien. *C. N. N. I, 119.*

elle fut appellée *de* sa maistresse pour aller à la boucherie. *C. N. N. II, 73.*

De par.

La locution *de par* était très fréquente à cette époque ; M. Brunot (1) n'accepte pas la théorie qui fait dériver la particule *par* du latin *parte* (2), et considère que l'expression est simplement un composé des deux prépositions *de* et *par*. En effet l'analogie entre *de*, qui indique l'origine, et *par*, qui marque l'intermédiaire, rendait une combinaison des deux mots extrêmement facile.

Ou non de Nostre Seigneur… est commencie la pratique de cyrurgie *de par* Henri d'Esmondeville… *Mondev. 1.*

prince ou prelat deputé *de par* lui. *Fr. I, 95. 22.*

Signeur qui ci estes envoiiés *de par* le roy de France. *Fr. I, 92.9.*

ils estoient là envoyez *de par* le roy. *Mons. I, 352 (W).*

si son meffait ne lui est pardonné *de par* Dieu et *de par* vous. *C. N. N. II, 76.*

Entre et devant.

Enfin, on remarquera qu'une idée d'agent accompagne quelquefois le rapport de lieu exprimé par les prépositions *entre* et *devant*.

Car il estoit moult honnerés et amés *entre* yaus. *Fr. I, 170.22.*

je suis envieillis et endurcis *entre* mes anemis. *Ps. VI. 7.*

grant joye fu menée *entre* les vaillans chevalereux. *Ch. II, 20.*

mais je le vous dy pour les parolles qui en furent tenuez *entre* les aultres. *Joyes (J) 14.*

1. *Précis*, p. 603.
2. Cf. Raithel, p. 32.

Et que les maulvaiz soyent hays et abominez *devant* Dieu et au monde. *Ch. I, 27*.

toute li terre trembloisse et soit esmeute *devant* sa faice. *Ps. XCV, 9*.

Or sus, Sire, lieve-toi et ne soit mies conforteiz li homs orguillouz; et soient li gens jugiee *devant* ti. *Id. IX, 20*.

III. — MATIÈRES

Aux rapports d'instrument et de moyen se rattache celui de matière (1), pour l'expression duquel il y a eu dans l'histoire du français un changement notable, car, tandis que le vieux français employait uniquement la préposition *de* : « une statue *de* marbre », la langue moderne dit également : « une table *en* bois, une table faite *avec* du bois ».

L'emploi de *en* dans ce sens ne paraît qu'assez tard dans la langue, bien que *in* ne fût pas inconnu dans cet emploi au latin post-classique (2). Les exemples donnés par Raithel pour la vieille langue ont déjà été écartés avec raison par Gerdau, qui cite les deux passages suivants comme les seuls exemples relevés par lui avant 1500 :

La dame apporta grant trésor *En* biaus juiaus et fin or. J. de Condé.

une cedule en parchemin, une cedule *en* papier. *1428.* Godef.

Il me semble, cependant, que ni l'un ni l'autre de ces deux passages ne fournissent un exemple du rapport en question ; le premier présente seulement une extension du rapport de *forme*, qui s'exprimait par *en* conformément à un des emplois traditionnels de

1. Cf. Meyer-Lübke. III, 460.
2. Cf. Gerdau, p. 96.

cette préposition : *In* figure de colomb volat a ciel
(*Eulalie*, 25) (1). Des passages analogues sont d'ailleurs nombreux au xv° siècle :

> *en* or et argent avoit grans somme que li dus son frère avoit
> assamblé. *Fr. II, 269.*
> chascun ambassadeur... eut grands dons de luy *en* argent ou
> *en* vaisselle. *Com. I, 357.*
> luy donna... que *en* argent et vaisselle, vingt quatre mil escuz.
> *Id. II, 4.*
> mille marcs d'argent *en* vaisselle. *Id. II, 4.*

D'autre part, dans le deuxième exemple de Gerdau,
en marque seulement un rapport de lieu, car ainsi
que nous l'avons déjà vu (2), il s'employait souvent
dans ce sens pour indiquer la surface sur laquelle on
écrivait.

Au lieu de *en*, le moyen français, comme la vieille
langue, employait *de*.

> et là estoient les diex des Egyptiens *d'*or et *d'*argent. *Ass. 4.*
> et portoit ung maulvais chappeau differant des aultres et ung
> ymaige *de* plomb dessus. *Com. I, 142.*
> il avoit faict de rigoureuses prisons, comme caiges *de* fer et
> d'autres *de* boys. *Id. II, 77.*
> et luy et son cheval estoient plus hault que l'ostel, taillez *de*
> pierre. *Id. II, 156.*
> et il fit ceste belle église de Chartreux,... toute *de* beau marbre.
> *Id. II, 157.*

Quant à l'emploi de *avec* dans ce sens, cet usage
paraît être particulier à la langue moderne, car je
n'en ai relevé aucun exemple pour le moyen français
et Renzenbrink (p. 37) n'en donne pas même pour le
xvii° siècle.

1. Bartsch, p. 4.
2. Cf. ci-dessus, p. 37.

V

MANIÈRE

___

En ce qui concerne l'expression des rapports de
manière, il faut signaler d'une part l'extension dans
le moyen français de *en*, *avec*, *sar*, et *sous*, de l'autre
la restriction dans la langue moderne de certains
usages du moyen français. Aujourd'hui on marque-
rait plus souvent la manière au moyen d'un adverbe,
construction moins lourde que la préposition suivie
d'un complément.

A.

Les rapports de manière exprimés par la préposition *à* peuvent être classés en deux catégories. La
première correspond aux cas où cette préposition
marque le degré jusqu'où se fait une action, comme
dans l'expression « chair cuite à la moitié, » (*J. le B.*
47) la seconde au cas où elle indique les circonstances
qui accompagnent l'action, par exemple : « je prie
Dieu a jointes mains » (*Joyes* (*H.*) 57).

A la première classe de ces expressions appartient
l'emploi de *à* avec un superlatif adverbial, construc-

tion beaucoup plus fréquente dans l'ancienne langue
que dans la langue moderne.

et pour faire *au* pis que il peuent. *Joinv. 341*

il s'en revindrent par granz perilz *au* mielz que il porent. *Sar. 639.*

e trova en la sale un vieil roynous haubert, e le vesty meynte-
nant *à* mieux qu'il savoit. *Foulq. 32.*

si se parti *au* plus tost et *au* plus coyement qu'elle poeut. *J. le B. 12.*

il se assemblèrent à Paris *au* plus tost qu'il peurent. *Fr. I, 84. 15.*

Si parla *au* plus courtoisement comme il pot. *Id. II, 375.*

et les deffendoit en retraiant et garandissoit *au* mieulz qu'il pooit. *Id. II, 112. 13.*

elle dort *au* plus fort. *C. N. N. I, 93.*

et quant *au* mieulx qu'il sceut et le plus bref qu'il peut ses choses furent bien disposées. *Id. I. 121.*

le gentil serviteur se partit de sa dame *au* plus secretement qu'il peut. *Id. I, 162.*

et *au* plus honnestement qu'il peut, de son signal respondit. *Sa. 64.*

On trouve la même idée de degré dans les expressions suivantes qui ont cessé de s'employer de nos
jours :

lequel en son temps, nul prince n'actegny en hautece de lec-
treure... comme plus *à* |plain dirons à la fin de ce livre. *Ch. I, 22.*

Chil engien y gettoient nuit et jour pières et mangonniaus *à* grant fuison. *Fr. II. 24. 26.*

scevent bien qu'ilz trouveront bestes *à* grande abondance. *J. le B. 47.*

Puis convia seigneurs, dames, damoiselles, chevaliers... et autres *à* planté. *Sa. 76.*

Puis batez ensemble tant et tant, comme *à* l'ennuy d'une ou de deux personnes. *Mén. II, 227.*

et estoit le chevallier *à* merveille luxurieux. *Chev. 37.*

vous estes *à* merveilles fière. *C. N. N. I, 131.*

se tu as trouvé le miel, si en mengue *à* souffisance. *Mén. I, 213.*

Quant aux expressions de la seconde catégorie,
qui servent à indiquer les circonstances accompa-

gnant l'action, *à* y serait généralement remplacé aujourd'hui par *avec*, surtout lorsque le complément est un substantif abstrait :

quar yl perdy plusours de ces gentz et guerpist le champ, et s'en fuist *à* deshonour. *Foulq. 28.*

nous passasmes oultre celle riviere... moult *à* malaise. *J. le B. 53.*

passèrent la rivière *à* grand péril. *Id. 57.*

et luy dirent comment *à* grand tort il avoit assiégié la ville de Calays. *J. le B. II, 130.*

et qui ce veult *à* droit noter, peut comprendre que... *Ch. II, 3.*

cellui est bien fol *à* droit qui respite larron de mort. *Chev. 285.*

on voit le preu baceler seoir *à* haute honneur à table de roy. *Fr. I, 4. 17.*

qui fust encrolés en ces crolières, il trouvast *à* malaise qui li aidast. *Fr. I, 56. 23.*

adonc entra li contes de Montfort en la cité de Rennes *à* grant feste. *Id. II, 96. 12.*

ils demourront povres et vivront *à* honte. *Mén. I, 215.*

je vous prie qu'il vous plaise que je parle *à* secret à vos ennemis et adversaires. *Id. I, 229.*

A mains de crainte et de regret se passa maintesfois depuis ladicte posterne. *C. N. N. I, 9.*

il vint en France faire armes, dont il yssit *à* son honneur. *Sa. 277.*

Ledict conte de Sainct Pol *à* toute diligence signiffia ceste venue au conte de Charroloys. *Com. I, 26.*

ledit varlet vint *à* grand diligence devers le Roy. *Id. I, 296.*

elles (les alliances) furent criées *à* grand sollennité. *Id. I, 354.*

La construction suivante, où *à* précède un participe présent est exceptionnelle ; je n'en ai trouvé d'exemples que chez Froissart.

Evous venus ces François en deus batailles, et avoient vint banières et ordonnèrent lors arbalestriers tout devant, et s'en vinrent en cel vilage que on dist la Cauchie *à* frapant à l'esporon. *Fr. II, 254.*

Chil varlet de piet... vinrent *à* fuiant devant la Roceperiot. *Id. 398.*

Puis se parti de Brait entour le mienuit et se vint droit au point que li solaus se liève, *à chevauçant à l'un* des costés de l'host. *Id. 146.16.*

De.

Cette préposition a servi de tout temps à exprimer des rapports de mode, et son emploi dans ce sens a subi en général peu de changements ; il y a pourtant quelques usages où le moyen français diffère du français moderne.

L'ancienne langue possédait un très grand nombre d'expressions adverbiales formées sur le modèle du tour latin *de plano, de improviso* (1) ; quelques-unes de ces locutions se sont conservées dans la langue actuelle, comme *de fait, de nouveau,* d'autres ont disparu :

de léger.

et pour ce est noble chose à toute femme de bien et d'onneur y prendre garde et soy garder, et non mie croire trop *de legier,* ce que l'en leur dist. *Chev. 244.*

de certain.

tenons et créons *de certain*... *Réc. 106.*

de brief.

si *de brief* n'y est pourvu de remède, il est à doubter... *Or. 3.*

de vrai.

mes nous ne savons pas bien *de voir* por quoi ce fut. *Sar. 624.*
qui savez certainement et de vray que... *C. N. N. I, 209.*

de tort, de droit.

selonc ce que l'ordre medecinal le requiert *de droit. Mondev. 1445.*

1. Cf. Clairin, p. 213.

car comme il soit *de droit* escript et loy, que tous princes natu-
reus puissent user et prendre sur les subgiez en certain cas nec-
cessaires. *Ch. I, 25*.

Une femme, grevée *de tort. Id. I. 23*.

de rien.

nostre devant dite doctrine ne soit *de rien* aidant ne a leur
paciens, ne a ceux qui les croient. *Mondev. 16*.

mès ele ne le poeit *de rien* corner. *Foulq. 87*.

du tout.

quant il est *du tout* appareillié pour mettre en broche. *Mén.
II. 212*.

Pour quoi, *du tout* déliberé à suyr son amour. *Tr. 129*.

quelque chose qui *du tout* ne seroit à sa louenge. *Com. 1. 2*.

de tout en tout.

mes pour ce que es humaines œuvres n'est riens parfait *de tout
en tout. Mondev. 10*.

en la parfin celle maladie se departi *du tout en tout. Prim.
71. J*.

car *du tout en tout* il se vieult laisser mourir de dueil. *Tr. 225*.

Remarquons enfin l'emploi de *de* avec un superlatif adverbial.

ilz se trairent *du* plus tost que ilz peurent, chascun en son hostel. *J. le B. 40*.

li dis messires Guillaumes se apparilla *dou* mieulz qu'il peut.
Fr. II. 128. 27.

Aujourd'hui le verbe *faire* est suivi d'un complément direct dans des expressions telles que *faire
l'ignorant*, au sens de *agir comme un ignorant*. Dans
l'ancienne langue au contraire, le complément était
généralement précédé de *de*, construction qui s'est
conservée jusqu'au xviie siècle (1).

et que à celle cause feriez *du* malade. *Tr. 251*.

1. Cf. Haase, *XVIIe siècle*, p. 287.

le derrenier venu avoit bien fait *du* mauvais cheval. *C.N.N.I.*
210.

vous ferez bien *de* l'esbahie et vous sauverez en ceste maison.
id., *I*, *236.*

et Dieu scet qu'elle fist bien *de* l'esbahie et *de* la malcontente.
id. 237.

fors de soy taire et faire *du* mort. *id. 288.*

faictes vous *du* fol. *id. 298.*

Et vous... faictes *de* l'amoureux ? *Sa.* *55.*

Et pour ces raisons,... ne vouluz plus faire *de* l'ignorant. *Com.*,
II, 218.

A côté de ces exemples on rencontre aussi le tour
moderne sans préposition :

Ma dame... ne voult pas estre la plus courtoise, ains fist le
sourd. *Sa. 133.*

et elle, comme ung peu faisant la honteuse. *C. N. N. I. 258.*

et n'emploient le temps à aultre chose que à faire les folz.
Com. II, 20.

En.

Gerdau (p. 85) constate que l'emploi de *en* exprimant des rapports de manière, qui était rare en
ancien français, a pris une très grande extension à
la fin de cette période, pour être à nouveau restreint
dans la langue moderne. L'explication de ce fait se
trouve dans la large influence exercée sur le moyen
français par les traductions de l'Ecriture Sainte qui
se sont répandues à partir du xii° siècle ; dans le
langage biblique, en effet, on se servait de *en* pour
traduire le latin *in* dans des hébraïsmes tels que :
Servite ei in veritate (I, *Sam.* xii, 24) ; *judicas popu-
los in æquitate* (*Ps.* clxvii, 5) (1).

Voici des exemples du *Psaultier* :

et jugerait les pueples *en* equiteit. xcv, *10.*

1. Exemples cités par Trénel, p. 635.

serveiz à Nostre Signour *en* grant liesce et très joïousement. xcix. *I.*

vouz qui estes sou pueple et les berbis de sa pasture, entreiz en ses aitriees *en* confession de joïouse loenge, et ses aitres *en* hymne de loenge. xcix, *4.*

Chez les autres auteurs l'influence biblique se fait sentir dans la fréquence de substantifs tels que : *révérence, humilité, orgueil, espérance.*

et demanda les sacremens de sainte Esglise et les ot *en* sainne pensée et *en* droit entendement. *Joinv. 755.*

et ainsi pecha le roy David doublement, *en* luxure et *en* homicide. *Chev. 154.*

Le seigneur... s'en revint et treuve la dame qui de l'ante faisoit le feu et sembloit qu'elle le feist *en* bonne pensée pour luy chauffer. *Mén. I, 159.*

il convient tout dire *en* très grant humilité et repentence. *id. I, 25.*

puis ouvrit les lettres, et *en* grant plaisir les list et relist. *Tr. 164.*

et fisent tant qu'il rapassèrent le rivière *en* grant malaise. *Fr. I, 61.31.*

qui le reçurent *en* grant dolour. *Fr. I, 193. 20.*

rien ne demandons à Dieu, *en* bonne charité, *en* esperance et perseverance de bien, pour nous et pour noz amis, que il ne la nous accomplisse. *Réc. 106.*

Adonc la salua *en* grant reverence et s'en ala. *Sages. 172.*

et dist le Roy ces parolles *en* bon visaige et riant. *Com. I, 80.*

car ilz parloient bien bas et *en* grant humilité. *id. I, 398.*

L'expression *ou nom de* appartient à cette même catégorie d'exemples (1).

en nom du roy. *Doc. 45.*

et ne le rendi pas *en* son non, mais *ou* non et en la volenté des prelas. *Prim. 98. J.*

et, pour recevoir les hommages des barons et les feuetez des citez et des villes *el* non de l'oir. *id. 93. F.*

Remarque. — Par suite de la confusion entre *ou* et *au* la locution *ou nom de* est devenue *au nom de*

1. Cf. Trénel, p. 638.

au xv⁰ siècle ; les deux formes subsistent encore dans l'expression *en mon nom et au sien :*

elle ne parloit que *au* nom de ladite damoiselle. *Com. I, 425.*

Dans les passages suivants l'emploi de *en* correspond au latin *in hunc modum* :

Certes, je di ore ce *en* tel maniere. *Mondev.* 12.
et en fut parlé de plusieurs, *en* diverses manières et tout en mal. *Tr. 122.*
il l'eust peu soulager *en* plusieurs façons. *Com. I, 401.*
le docteur lui respont *en* ceste manière. *Joyes (J) 4.*

En a une valeur à la fois modale et comparative dans la construction *parler en ami* (1). Il est à remarquer que tandis que Meyer-Lübke est d'avis que cet usage existait déjà dans l'ancienne langue et cite comme exemple *aler en messagier*, Gerdau constate qu'il n'en a relevé aucun exemple antérieur au xv⁰ siècle, et comme il dit lui-même, ce fait est d'autant plus extraordinaire que le latin connaissait déjà un emploi analogue de *in* (2) ; d'ailleurs ainsi que l'a constaté Ebeling, la même construction se trouve également en provençal. Ensuite, Gerdau cite les deux passages suivants comme les seuls exemples qu'il ait relevés avant 1500, tout en admettant qu'ils n'ont pas tout à fait le sens en question :

il monta es cieulx *en* corps glorifié. *Sa. 37.*
Très Saint Père, *en* commandement Pren et reçoy vostre prière. *Prise d'Alexandrie. 7741* (éd. L. de Mas Latrie.)

En effet, il faut écarter ces deux passages, car

1. Cf. Meyer-Lübke, III, 406; Ebeling, *Jahresbericht*, V, 203 ; Gerdau, p. 87.
2. Ebeling cite un exemple de Virgile et de Tacite, et Gerdau plusieurs exemples d'Apuleius, etc.

dans le premier, *en* indique seulement un rapport de *forme* (1), et dans le deuxième l'attribut (2). Cependant, contrairement à l'avis de Gerdau, l'usage était tout à fait établi au xve siècle, ainsi que le montrent les exemples suivants :

comme il approuchoit pour executer le conseil du médicin tout en lourdoys. *C. N. N. I, 112.*

Nous chevauchons... Par mons, par vaulx,
Puys à pic Puys sur nos chevaux,
Puys *en* archier, Puys *en* naquet, *Fourn. 37.*

Je danse *en* ours, et vois en nage
Comme une congnye desmanchee. *Sotties. 70.*

mais toute la guerre de mer est conducte par leurs gentilz hommes, *en* chiefz et cappitaines de gallées et naves. *Com. II, 212.*

En a toujours été employé pour exprimer un rapport de mode devant un participe présent ; on remarquera cependant que la règle moderne qui exige que le sujet logique du participe soit le même que celui de la phrase principale n'existait pas en ancien français :

on ne les doit pas si enclorre que on ne leur lait aucun lieu par où ilz puissent fuyr ; car, *en* fuyant, les peut-on mieulx occirre ou prendre. *Ch. II, 33.*

il offroit encores que la première foiz que son maistre logeroit en champ, qu'il le prendroit ou tueroit, *en* allant visiter son ost. *Com. I, 379.*

les aultres qui auroient l'œil sur ledit duc, s'il fuyoit, pour le tuer *en* fuyant. *id. I, 387.*

Notons, enfin, l'emploi de *en* devant un infinitif :

j'ay plus chier estre défaillant en ce cas, que *en* tenir trop estroicte rigueur. *Ch. I, 32.*

comment le roy Charles estoit sage et *ès* conquestes faire, et en gardant les choses conquises. *id. II, 37.*

---

1. Comparez le passage cité ci-dessus, p. 144 « *In* figure de colomb volat a ciel ». *Eulalie, 25.*

2. Voir ci-dessus, p. 105.

Par.

L'emploi de *par* exprimant des rapports de manière était alors plus répandu qu'aujourd'hui où l'on préfère généralement employer la préposition *avec* ou bien un adverbe.

Li roiz entra a primes dedenz Damiete, a grant processionz *par* grant humilité. *Sar. 592.*

il entrerent es nes *par* le congié le roi. *id. 615.*

et ceulx sont beneois qui viennent a li *par* penitance. *Ass. 9.*

laquele cité Hermès le philosophes fit *par* grant art. *Hay. I, 6.*

les juges lui firent descouvrir son viaire *par* grant honte et despit. *Mén. I, 66.*

Lors dist Sarre *par* moult grant joie. *Mén. I, 82.*

et passèrent au pont de Mylays *par* le congié du conte Derby. *J. le B. II, 130.*

li rois ne pooit plus porter *par* honneur les tors que li rois d'Escoce li faisoit. *Fr. I, 106. 16.*

se voz larmes se adreschoient doulcement et *par* vrayes oroisons à Nostre Seigneur. *Réc. 105.*

par merveilles et grant esbahyssement l'ung l'autre regarda. *Sa. 280.*

et luy va dire *par* grand sens. *C. N. N. I, 288.*

car je vous monstray comme vostre filz me dessira mes habiliemens *par* grant violence. *Sages 148.*

vous me le vouldrez après retollir *par* ceste façon ? *C. N. N. I, 99.*

Toutesfoiz ilz ne luy pouvoient refuser *par* raison. *Com. II, 163.*

L'expression *par mariage* employée avec *prendre*, etc., est maintenant tombée en désuétude :

et luy... print *par* mariage la fille du roy de Cartage. *Sages 1.*

il print *par* mariage une gentil femme du pays. *id. 18.*

le roy... luy donna *par* mariage la seur de la royne de France. *Ch. II, 7.*

Enfin, *par* modal pouvait également s'employer avec un participe présent.

illec au lieu vint à moy uns grans peuples de la Grant Hermenie, qui aloit en pelerinaige en Jerusalem, *par* grant treu rendant aus Sarrazins qui les conduisoient. *Joinv. 565.*

dont il lessa au roy, *par* pais faisant, la contée de Ango. *id. 75.*

s'en alerent *par* pes faisant a la cité de Sur. *Sar. 635.*

Sur (1).

Déjà dans l'ancienne langue l'emploi de *sur* indiquant l'objet sur lequel on jure, etc., pouvait être considéré comme une désignation de manière ; cet usage était très répandu dans le moyen français où *sur* était employé dans ce sens alors qu'on emploierait aujourd'hui *sous*, *au risque de* ou *à*.

et faisoit commander *sur* la teste que nul ne se meist devant les banières. *J. le B. 62.*

par celuy Dieu que je doys recevoir et *sur* la dampnacion de mon âme, il ne me requist oncques... *Chev. 56.*

parfois le prestre s'en yre et pert sa bonne devocion, et chante *sur* son peril. *id. 68.*

quiconques n'obéiroit à ses défenses ou commandemens... c'estoit *sur* peine de perdre la teste. *Mén. I, 98.*

il dist qu'il ne l'oseroit dire *sur* paine de mort. *id. 179.*

car se j'estoie pris ne arrestés par aucun kas de fortune, ce seroit *sus* ma tieste que j'ai plus chier que vostre compagnie. *Fr. II, 7.1.*

et à Chastel le herault deffendit *sur* sa vie que sans son congié de son pavillon ne partist. *Réc. 128.*

A partir du XIVᵉ siècle *sur* s'étend à d'autres rapports de manière et on lui attribue souvent la valeur que *avec, sous, dans*, ont dans la langue actuelle :

et se mist à la voye *sur* la seurté du chevalier. *J. le B. 15.*

Or chevauçoient adonc cil doi conte englès et leur route, *sus* le guiement monsigneur Wafflart de le Crois. *Fr. II, 6. 2.*

vous avés bien ci dessus oy recorder *sus* quel estat li signeur de l'Empire se partirent dou roy englès. *id. I, 156.30.*

de che ne se doubtoient les Flamens et chevauchoient *sur* la conduite de monseigneur Vafflart de le Crois. *Fr. II, 190.*

nulle pourveance ne marchandise ne pooit entrer ne venir, fors que en grant peril *sus* grant aventure. *Fr. II, 367.*

elles s'excusent *sur* diligence et humilité. *Mén. I, 14.*

cedit leguat, excedant sa puissance, et *sur* esperance de soy faire evesque de la cité, favorisoit ce peuple. *Com. I, 152.*

Sur ce courroux se mist aux champs ledit duc. *id. I, 231.*

1. Cf. Waldmann (A.), p. 28.

L'emploi de *sur* devant un infinitif, avec ou sans *à*,
est rare après 1300 ; je n'en ai trouvé d'exemples que
chez Froissart.

deffendu à tous gentilz hommes que nulz ne se mesist avoech
lui, *sus* à perdre leurs terres et le royaume. *Fr. I, 22. 3.*

et si n'estoit nuls qui osast, *sus* la tieste à coper, fourpasser ne
chevaucier devant les banières. *id. 54. 23.*

et n'estoit nuls prestres flamens, *sus* estre encourus en sentense
esqumenicative, qui osast canter ne faire le divin office. *id. II,*
225.

Sous.

A partir du xive siècle *sous* tend à remplacer *sur*
dans les expressions telles que *sur peine de*, probablement sous l'influence du latin *sub poena*, mais *sur*
ne disparaît pas entièrement avant le xviie siècle (1).

Or, cest bon Roy, gardant à la ligne la loy de Dieu, comme le
décret deffende, *soubz* peine d'escommuniement. *Ch. I, 23.*

et *soubz* peine de perdre sa grace, ne fust si hardi qui osast à
son filz le Daulphin ramentevoir matiere luxurieuse. *id. I, 29.*

dont y fut fait commandement de par l'empereur que silence se
fît *sub* la peyne de perdre la vie. *Sages. 158*

« je vous promest » dit l'enfant, « *sub* ma vie que je lui expose-
ray que ce veult dire ». *id. 165.*

et cecy je vous promest *soubz* la peyne de la mort la plus honteuse que se porroit donner. *id. 150.*

O, avec.

L'emploi de *o* et *avec* exprimant un rapport de
manière en indiquant les circonstances qui accompagnent l'action, ne donne rien à ajouter à ce qui a
déjà été dit au sujet de ces deux prépositions dans
l'étude du rapport d'instrument (2). *Avec* en ce sens

1. Cf. Waldmann, p. 33; Haase, *XVIIe siècle*, p. 369.
2. Voir ci-dessus, p. 128.

était en général peu répandu avant 1500 ; pourtant le *Roman de Troïlus*, qui date à peu près de 1400, en offre un assez grand nombre d'exemples.

O.

Ausquiex nous devons contredire *o* grant cautele. *Mondev.* *23.*

comme pluseurs autres qui li avoient envoié leur messages et dons de diverses manières, que il avoit refusées *o* grant indignacion. *Ass. 6.*

Avec (1).

(elle) le print par la main *avecques* crainte et desir meslez. *Tr. 163.*

et *avecques* humble visage et voiz piteuse pardon luy requerant. *id. 123.*

et là *avecques* doulces parolles et joyeuses pour rire lui commença à parler. *id. 144.*

les archiers de sa bataille... qui, *avecques* ung grand hu, assaillirent lesdits Liegeois. *Com. I, 110.*

1. Cf. Renzenbrink, p. 33.

VI

CONFORMITÉ ET NON-CONFORMITÉ

Le rapport de conformité, qui touche de près aux rapports de manière, s'exprimait dans le moyen français à l'aide des prépositions *à*, *de*, *suivant*, *selon*, *jouste*, *contre* et *sur*.

A

Nous avons vu (p. 145) que *à* pouvait marquer le degré : c'est à cette fonction particulière que se rattache son emploi dans l'expression des rapports de conformité, comme dans l'exemple suivant :

je vous ai toujours servi et amé loyaument *à* mon povoir (*J. le B:II*, *32*).

c'est-à-dire jusqu'à la limite, selon la limite de mes forces. Cette construction est encore très courante dans la langue actuelle ; dans certains cas, cependant, l'usage moderne n'est pas identique à celui de l'ancienne langue.

il se vouloit acorder en toutes choses à faire *à* leur conseil. *Prim. 44, G.*

Tous chevaliers doibvent ayder et conforter *à* leur povoir toutes dames et puchelles déchassées. *J. le B, 15*.

prirent leurs hostelz... *à* leur plaisir. *J. le B, 19*.

Ores, belle fille, fais encores *à* mon conseil. *Mén. I, 162.*

et ma dame, *à* l'usance et coustume, lui donna congié. *Sa. 76.*

Vestue de housse et chargiée de coquilles, *à* l'usage de pelerins venant de Saint Jaques. *Mén. I, 183.*

et je ferai volentiers et de cler coer vostre commandement, *à* mon loyal pooir. *Fr. I, 79, 25.*

je ne te empescheray desormais que tu ne faches plainement *à* ta voulenté. *Sages. 27.*

et de la paix et de la guerre j'en feray *à* mon vouloir. *Com. I, 353.*

et luy abandonnoit les contes de Nevers et de Sainct Pol... pour en faire *à* son plaisir. *Com. I, 233.*

La construction dans laquelle *à la* est suivi d'un adjectif au féminin pour désigner la manière (1), parait être une abréviation des expressions *à la guise*, *à la mode, à la façon*, où le substantif est toujours féminin. On remarque, du reste, qu'on lit *à la mode françoise* au lieu de *à la françoise*, dans une des variantes de Commines.

... où avoit grant foyson de dames et de damoyselles, dont il y en avoit d'attournées *à la nouvelle guise* qui couroit. *Chev. 98.*

icelles carpes cuite *à la guise* de France. *Mén. II, 189.*

et (il) convient estouper tous les pertuis *à la guise* du fournier. *id. II, 205.*

les aultres femmes... toutes abillées *à la nouelle façon. Joyes. 8. (H).*

disner *à la façon* de Poullaine. *Sa. 159.*

un paige more tres bien habillez *à la morisque. Sa. 129.*

lequel incontinent se vestit *à la françoise. Com. II, 120.*

var. *à la mode françoise.*

De

Dans la langue de cette époque le rapport de conformité tendait à se confondre avec celui de cause ;

1. Cette construction se trouve déjà au xiii⁰ siècle dans la *Chronique d'Ernoul*, p. 36 (éd. de Mas Latrie, Soc. de l'hist. de France) : « que il le fesist chevalier *à la françoise* et il si fist. »

ainsi, *de* qui marquait d'ordinaire la cause, était également employé dans l'expression d'un rapport de conformité, de même que *selon* par un procédé inverse pouvait indiquer la cause (1). Dans les exemples suivants *de* serait maintenant remplacé par *selon*.

la bone mere qui estoit avec li, *de* cui consoil il ouvroit. *Joinv. 105.*

puis que il ne vousissent ouvrer *de* son commandement. *id. 176.*

se vous voulez ouvrer *de* mon conseil. *Mén. I, 13.*

Suivant

La préposition *suivant*, qui dérive du participe présent du verbe *suivre*, remonte au xiiiᵉ siècle (2). Voici des exemples qui expliquent sa formation ; dans le premier, *suivant* est employé comme participe au sens concret; et dans les autres comme préposition au sens de *conformément à*.

et là attendit par trois jours ses gens qui chascun venoient *suivans* l'ost. *J. le B. 105.*

moy Christine de Pisan... *suivant* le stille des primerains et devanciers noz ediffieurs en meurs redevables... emprens nouvelle compillacion. *Ch.* Prologue.

et supposé que *suivant* aucuns, la prononciation de la sentence soit requise, actendu que ce présent est moult notoire. *Mons. I, 347* (Renzenbrink).

Remarque : On trouve aussi la locution *en ensuivant* dans le même sens :

qu'il pleust à ladite damoiselle accomplir ledit mariage, *en ensuyvant* le vouloir et promesse de son dit seigneur. *Com. II, 13.*

1. Voir ci-dessous, p. 176.
2. Cf. Nehry, p. 57 et Renzenbrink, p. 50.

en ensuy̆vant ce que nous avons conclud, je leur rescripvy la substance de ce que j'avoye dit... *id. II. 315.*

Selon

Selon, qui indiquait autrefois un rapport de lieu aussi bien que de conformité (1), n'a conservé que cette dernière valeur aujourd'hui ; il est encore à noter que dans quelques-uns des exemples suivants on le remplacerait maintenant par *pour.*

Je Henri de Mondeville... pourpose a ordener briement et a moustrer publiquement... *selonc* ma possibilité, toute l'operation de cyrurgie manuel. *Mondev. 3.*

leur feroient bon et droit jugement *selonc* leurs faitz et leurs mérites. *J. le B. 20.*

qui estoit une des plus belles dames du monde, et encor est *selonc* son aage. *J. le B. 6.*

Entre les autres créatures l'omme a la bouche plus petite *selon* le corps. *Mén. I, 60.*

oultrecuidés et oyseux jeunes hommes et qui sont de trop grant despence *selon* leur revenue. *id. I, 77.*

du sourplus, selon son aage de XIIJ ans, estoit prompt, habille et hardy jouvencel. *Sa. 3.*

Remarque : Je n'ai relevé aucun exemple de *lunc* avec le sens de *selon.* Cf. *Erec* 1846 : *Lunc* la costume del païs (voir Michael, p. 15).

Après.

Après avait également une valeur à la fois concrète et figurée ; le composé *d'après* qui se substituera plus tard à la préposition simple dans l'expression des rapports de conformité (2) ne se trouve pas dans les auteurs de notre période.

1. Voir ci-dessus, p. 65.
2. Brunot, *Précis,* 606.

et avoit cilz nom messires Guillaumes de Montagut *apriès* son oncle qui ensi eut nom. *Fr. II, 125. 15*.

Pource que c'estoit la rigle *après* laquele tous cristiens se doiuent gouuerner, *Maill. 14*.

il parloit, *après* aultruy, estrangement de ceste mort du duc de Guyenne. *Com. 1.232*.

Jouste.

Comme *juxta* en latin, le français *jouste* pouvait indiquer la conformité aussi bien que la proximité de lieu (1) ; Graefenberg (p. 116) relève des exemples de cet usage au XVIᵉ siècle encore.

jouste le dit de Galien. *Mondev. 11*.

si y puet auoir obstacle *jouxte* les parolles de Jsaie, qui dit que... *Chart. (E)*.

qui n'a charité il n'a rien, *jouxte* ce que dit monsr, saint Paol où lieu allegué. *Maill. 2*.

Contre (2).

Cette acception de *contre*, qui se trouve également dans le verbe *contrefaire*, n'a jamais été d'un emploi très répandu ; son élimination de la langue moderne s'explique par le fait qu'elle était en contradiction avec le sens ordinaire de *contre*, qui indique le plus souvent l'idée opposée, c'est-à-dire la non-conformité (3).

et assés tost apriès ajut d'un biau fil, qui eut à nom Jehans *contre* le duc Jehan de Braibant qui le tint as fons. *Fr. II, 225*.

s'acouça la fenme de ce d'Artevelle d'un fil,et ot nom Phelippes *contre* la [roine] d'Engleterre. *Fr. II, 229*.

Polixera au corps parfait, *Contre* qui l'image estoit fet. id. (Lacurne).

1. p. 56.
2. Reyelt, p. 80.
3. Voir ci-dessous, p. 163.

Dont li devisa simplement A contrefaire deux aniaus *Contre* le sien. *Dis dou vrai aniel* (Reyelt).

Sur.

L'emploi de *sur* dans l'expression de ce rapport n'est qu'un aspect un peu plus spécial des autres acceptions modales de cette préposition (1) ; le premier exemple explique son passage d'un rapport concret à un rapport abstrait :

elle (sc. la robe) ne fut point taillée *sur* luy. *Joyes. 34. (J).*

tous jours il tenoient leur rieule *sus* la tourme que dit vous ai. *Fr. II, 255.*

et li avoient grant plentet des seigneurs fet feaulté, et especialment cil de Nantez et de Rennes qui sont les souveraines chitéz dou pays et *sour* qui tous li demorans se doit aviser. *Fr. II, 282.*

Non-conformité

A la base d'une idée de non-conformité il peut y avoir soit une idée d'opposition (*contre*, *encontre*, *opposite de*), soit une idée de passage au delà d'une certaine limite (*outre*, *estre*, *hors de*), soit encore une idée de superposition (*sur*, *par-dessus*).

De ces trois manières de marquer ce rapport, la langue moderne n'a conservé que la première, en employant seulement la préposition *contre*.

Contre (2).

entra en la terre à grant effors *contre* le deffense et le mandement du pappe. *Prim. 101. G.*

se le péchié qu'il fist est selon nature, ou s'il est fait *contre* nature. *Mén. 1.26.*

1. p. 155.
2. Reyelt, p. 67.

Troïlus se leva *contre* son plaisir. *Tr. 186.* (Reyelt).

et chils roys Philippes qui ores regne a fait le contraire *contre* son sierement. *Fr.* (id.).

Encontre (1).

Les paciens doivent obeir aux cyrurgiens... ne ne doivent aler *encontre* leur oevres et leur conseil. *Mondev. 556.*

il envoia ses messaiges au nouvel soudant de Babiloinne que il li amandast les defautes que il et li amiraut li avoient faites *encontre* les trives. *Sar. 628.*

E ne yrez directement *encontre* sa sentence, si vous laissez à escient ce qui vous peut de mort garder ? *C. N. N. I, 119.*

Opposite de.

Lesdits Liegois tenoient contenance de gens qui desirent la bataille, et tout *opposite de* la parolle de leur ambassadeur. *Com. I, 101.*

Outre.

Cet emploi de outre a subsisté jusqu'au xviie siècle (2).

il vous doit, dist-il, souffire que, *oultre* mon vouloir, j'aye accepté le nom et office. *Ch. I. 26.*

se les seigneurs de la court... n'eussent Saintré, *outre* son gré, retenn. *Sa. 116.*

comment avez-vous osé rober l'église, *oultre* mon commendement et ma defense. *C. N. N. I. 37.*

car legierement il avoit esté meu de venir et *oultre* l'oppinion de plusieurs de son conseil. *Com. I.382.*

ilz monstrerent bien qu'ilz les eussent prinses *oultre* son vouloir. *id. 122.*

Estre.

E si ount desolé nos corps *estre* grée. *Foulq. 87.*

1. Reyelt, p. 87.
2. Horbach, p. 144.

Hors de.

et disoient bien cil de Flandres que sans raison, *hors de* leur
conseil et volenté, li contes les avoit là mis. *Fr. I, 139. 3.*

Sur et par-dessus.

Comme *sur* s'employait avec des verbes de mouvement pour marquer un rapport d'hostilité : aler
sus les ennemis de Dieu (*Fr. I, 116*), le passage à
une idée d'opposition sans mouvement était extrêmement facile. Il en résulta que *sur* pouvait indiquer
à la fois un rapport de non-conformité, au sens de
contre, et un rapport de conformité au sens de *selon*
(p. 163). Afin d'éviter cette difficulté, la langue moderne a éliminé la première de ces acceptions, de
même qu'elle a éliminé l'emploi de *contre* exprimant un rapport de conformité (p. 162).

Sur.

y estoit alée *sur* la deffense de son seigneur. *Chev. 130.*

li rois ses frères le sceut ; s'en fu courouciés, quant *sus* sa deffense elle voloit ouvrer. *Fr. I, 19. 22.*

Vous vos emblastez de my et sans congiet, et *sus* me deffensce
vous partesistes. *Fr. II, 317.*

depuys ce desloyal tour que ledit duc avoit faict au conte de
Sainct Pol, comme de l'avoir prins *sur* sa seureté. *Com. I, 377.*

il avoit prins ces deux villes *sur* foy et en temps de paix. *id. I,
237.*

plusieurs princes et barons qu'il avoit prins *sur* la seureté de son
pere et de luy. *id. II, 177.*

Par-dessus.

ung chacun offre et présume, oultre et *par dessus* le commandement du Roy, vendre ou alouer son denier d'or ou d'argent. *Or. 22.*

Car *par dessus* son commandement vous ne devez avoir en
quelque chose reculement, reffus, retardement ou délay, ne *par*

dessus sa deffence rien faire, corrigier, acroître, apeticier, eslargir ou estrecier en quelque manière. *Mén. I, 134.*

nous avons cy dessús parlé... des excès que les femmes font pour acomplir leur vouloir oultre et *par dessus* le vouloir de leurs maris. *id. 1, 165.*

VII

CAUSE

———

Pour exprimer un rapport de cause le moyen
français se servait des anciennes prépositions *pour*,
par, *de*, *à*, *en sur*, *selon*, et d'une série de prépositions de formation nouvelle, *vu*, *considéré*, *attendu*.
En outre, la préférence de la langue de cette époque
pour des locutions prépositives a favorisé l'extension de l'expression *à cause de*, qui est devenue
très fréquente à la fin du xvᵉ siècle.

Pour.

On remarque d'abord que le rapport de cause
touche de près celui de but, ainsi que dans l'expression « soupirant pour l'amour d'elle, » (*C. N. N. I*,
233) où la préposition *pour* peut être considérée
comme indiquant soit l'une soit l'autre de ces deux
idées. Grâce au lien étroit qui existe entre ces deux
conceptions *pour* a pu servir dans l'ancienne langue
à exprimer tous les rapports de cause même lorsque
ceux-ci ne renferment aucune idée de motif (1) :

tant getoit grant clartei que l'on veoit aussi clair parmi l'ost

1. Cet usage s'est conservé jusqu'au xviᵉ siècle. Cf. Brunot, *H. L.*
II, 477.

comme se il fust jours, *pour* la grant foison dou feu qui getoit la grant clartei. *Joinv. 206.*

li menus peuples... ne pouoient avoir droit des riches homes, *pour* les grans presens et dons que il fesoient aus prevoz. *id. 716.*

pour la tempeste de celle poudre l'un ne povoit veoir ne cognoistre l'autre. *Prim. 76. C.*

e mangerent lur chivaus *par* feym. *Foulq. 105.*

mon chiétif cuer qui est si foible tremblera *pour* la paour des ennemis d'enfer. *Mén. I, 12.*

et l'esprevier (auroit) trop d'encombrier *pour* les fueilles et eschallas. *id. II, 308.*

il ne les apperceut pas si tost, *pour* la graat douleur que alors il sentoit. *Tr. 287.*

... passèrent... moult à malaise, *pour* les grandes pières qui dedens gisent. *Fr. I, 57. 21.*

car elle (la rivière) estoit grosse *pour* le plouviage. *id. I, 61, 32.*

mais, *pour* la presence du Dangier, qui trop près estoit, guères ne respondit. *C. N. N. I. 234.*

car *pour* la goute qu'il avoit, il ne pouvoit monter à cheval. *Com. I. 51.*

le Roy envoyoit vers ces ligues d'Almaigne, et à grand difficulté *pour* les chemyns. *Com. I. 351.*

Pour causal pouvait aussi s'employer avec un infinitif présent, construction également disparue de la langue moderne :

ne oncques homme ne fust ainsi consummé ne happé comme tu es *pour* mal te savoir d'amours garder. *Tr. 133.*

pour trop parler et estre muet, puet on estre pour fol tenu. *Sa. 44.*

Dans la phrase « et ne vout onques demourer avec le roy, *pour* prière que il li seust faire » (*Joinv.* 56), la préposition *pour* indique ce qui serait la cause de l'action de demeurer, mais le sujet ne réalise pas cette action. Autrefois on employait *pour* avec ce sens devant un substantif aussi bien que devant un infinitif (1), mais tandis que la deuxième de ces cons-

1. Cf. Brüsz, p. 123, Tobler, *V. B. II. 20.*

tructions s'est conservée jusqu'à nos jours (1), la première a disparu à la fin du xvi° siècle.

Devant un substantif.

et de ce me semble-il que on ne li fist mie assez, quant on ne le mist ou nombre des martirs, *pour* les grans peinnes que il souffri ou pelerinaige de la croiz... *Joinv. 5.* (Tobler).

quant la lyonnesce lui a aucun despit fait, il ne retournera plus à elle de tout le jour ne la nuit, *pour* chose qu'il aviengne. *Chev. 135.*

elle croit que *pour* péchié qu'elle eust fait ne pourroit faire, elle ne pourroit estre dampnée. *Mén. I. 42.*

encores vueil et vous commande, *pour* quelque compaignie de roy, de royne, de seigneurs et de dames... quant vous verrez les ymages de nostre Seigneur... que *pour* honte du parler ni du penser des gens, vous ne laissez à oster vostre chaperon... *Sa. 40.*

elle ne souffrit pas la volunté de l'Escossois *pour* plaisir qu'elle y prensist. *C. N. N. I. 31* (Brüsz)

ne il ne pooit avoir santé *pour* medecines ne remedes qu'il y meist. *Sages. 9.*

Devant un infinitif.

vous avez bien entendu comment il estoit tant enamouré de la belle contesse de Salbry, qu'il ne s'en povoit aucunement retraire ne deporter pour refus n'escondit qu'elle lui sceut faire, ne *pour* humblement prier, ne pour dure parole. *J. le B. II. 30.*

car il véoit bien qu'elle estoit si forte et si bien garnie de bonnes gens qu'il ne le pourroit avoir *pour* assaillir ne *pour* escharmucher. *Id. II. 127.*

par Dieu, *pour* perdre la meilleur robe que j'aye, je ne l'y eusse laissié, car quant vous fustes endormy, les cheveulx me commencèrent à hérisser. *Mén. I. 147.*

lequel enfant soy voyant en ce dangier commencha à plourer tendrement, mais *pour* mourir n'eust parlé. *Sages. 4.*

Pour ce que, pour tant que et *par ce que.*

Pour causal entre dans l'expression *pour ce que,* beaucoup plus fréquente dans l'ancienne langue que son équivalent moderne *parce que* (2). Cette der-

1. Cf. Littré, *Pour* (20).
2. Cf. Raithel, p. 39 et Meyer-Lübke, III, 588.

nière forme s'est répandue surtout à partir du
xv° siècle et les deux expressions se sont employées
concurremment jusqu'à l'époque de Vaugelas où
parce que l'a emporté sur *pour ce que* (1).

il donna la connestablie de France à mon signour Gille le
Brun... *pour ce qu'*il estoit de grant renommée de croire Dieu.
Joinv. 3o.

et *pour ce que* experiment ou oevre de cyrurgie... sont peril-
leus, je conseille... *Mondev. 22.*

et si elle fu courouciée *pour ce que* elle n'en avoit point. *Ass. 9.*

je le regarde avec ung despit et envie, *pource qu'il* me semble
que... *Tr. 284.*

l'esprevier est dit branchier ou ramage *pour ce que*, quant il
soit pris, il vole sur les rainceaux ou sur les branches. *Mén. II.
314.*

A côté de *pour ce que* on trouve aussi l'expression
pour tant que dont j'ai relevé les derniers exemples
dans Froissart :

et aucunes gens distrent que il ne le lessierent fors que *pour
tant que* il et lour cheval estoient tuit affamei à Gadres. *Joinv.
546.*

et *pour tant que* en ces hystoires rimées treuve-on grand plenté
de bourdes, je veuil mectre paine et entente quant je pourray
avoir loisir d'escrire par prose ce que je ay veu. *J. le B. 3.*

ne à quel title cil l'avoient fait, *pour tant que* on n'aveit point
deffliet le conte ne le pays. *Fr. I, 197. 24.*

Par ce que est encore assez rare dans nos auteurs :

moi aussi pensant et considerant le fait de mariage ou ne fus
oncques *par ce qu'*il a pleu a dieu me mectre en autre seruage.
Joyes (H). 4.

il s'estoit levé *par ce qu'*il estoit certainement informé qu'il y
avoit deux hommes. *Com. I, 283.*

Par.

De nos jours encore, *par* sert à exprimer la cause (2)

1. Cf. Vaugelas, I, 116.
2. Cf. Clédat, *Rev. de phil. fr.*, IX, p. 134.

mais l'usage actuel ne coïncide pas exactement avec celui de l'ancienne langue, ainsi que le montrent les exemples suivants :

aucune foiz estoit que li messaige venoient à li, *par* quoy il nous couvenoit besoignier à la matinée. *Joinv. 501.*

par les grans injures et *par* les grans rapines qui estoient faites en la prevostei, li menus peuples n'osoit demourer en la terre le roy. *Id. 716.*

le povre homme vit en pleurs et en misère tout *par* la beaulté de voustre visage. *Tr. 148.*

et les condamna à mort *par* leur deserte. *Prtm. 41. D.*

vint la renommée en France de lui, *par* quoi moult de joeunes chevaliers et escuiers qui désiroient à soustenir les armes,.. s'esmurent pour aler celle part. *J. le B. 113.*

par ce n'est point de merveilles se ilz font plus grandes journées que aultres gens. *Fr. I, 52. 27.*

et si leur estoit li yvier proçains, *par* quoi il ne pooient là longement demorer. *Fr. II, 178. 6.*

le père et la mère, qui en furent yrés, le vont donner à l'ennemy *par* leur courroux. *Chev. 166.*

car *par* son orgeuil elle fust mise en mue vii ans. *Id. 135.*

il estoit si amé et si honnouré partout des petis et des grands, *par* la grande noblesse des faitz et des parolles lesquelles estoient en luy. *J. le B. 119.*

et si la chouse ne va pas bien, elle tensera et dira que c'est *par* luy. *Joyes (J) 83.*

Par pouvait s'employer suivi d'un infinitif pour indiquer une action qui est la cause d'une autre action :

et que argent ne nous falist *par* trop longuement demourer. *J. le B. 67.*

vous dictes que *par* trop amer Brisaïda suis en cest estat. *Tr. 291.*

si fu enclos de ses ennemis, *par* trop demorer derrrière. *Fr. II, 73. 26.*

Remarque. — C'est probablement par suite de cette rencontre de *par* et de *pour* dans l'expression d'un rapport de cause que ces deux prépositions se sont souvent confondues dans leurs autres emplois ;

ainsi on trouve *pour* exprimant des rapports de manière et de moyen (1), et *par* un rapport de but. Cette confusion était d'autant plus facile que *par* et *pour* se ressemblaient déjà phonétiquement, car à toutes les époques de la langue il y a une tendance à dénaturer les voyelles qui précèdent la consonne *r*.

Pour au lieu de *par*.

tout ce que nous bouchiens dou flum devers nous, il relargissoient devers aus *pòur* les caves que il fesoient. *Joinv. 195*.

si fist fermer les portes de la cité et i mist bones gardes si que nus n'i pouist entrer ne issir se *por* son congié non. *Sar. 639*.

et croiez que Dieu n'a point estably l'office de roy ne d'aultre prince pour estre exercé *pour* les bestes, ny par ceulx qui par gloire dient....... *Com. I, 134*.

Par au lieu de *pour*.

et ycelle doulce saison leur procure fueilles avec fleur, qui peut estre pris *par* l'adolescence de l'omme. *Ch. I,12*.

et widièrent environ mienuit, et si boutèrent le feu dedens Relenges. A l'endemain, au matin, cil de Cambrai le vinrent *par* ardoir et abatre. *Fr. I, 191. 17*.

et *par* parvenir à cest expediant, il depescha deux de ces bourgeois. *Com. I, 115*.

De.

De a servi de tout temps à marquer la cause, mais la langue moderne a restreint son emploi dans l'expression de ce rapport en y substituant *à cause de*, etc., etc. Ce changement de construction peut s'expliquer par un affaiblissement de la valeur de *de* analogue à celui que l'on a déjà constaté dans l'étude des rapports d'instrument et de but.

et quant Asseneth le vit de sa tour, si fu trop courouciée *de* la parole que elle avoit dite de li. *Ass. 5*

1. Cf. ci-dessus, p. 134.

leur blée estoit mal profitable *de* ce que elle estoit mellée avec la chaus et avec le sablon. *Prim. 22. J.*

vous vous débattez *de* néant. *Mod. 102.*

et le chevallier, se il fut dolent *de* la première, il fut bien autant ou plus *de* la seconde. *Chev. 107.*

et toute nuyct eut tant de joye que, *de* ce nouvel pensement, il ne dormit. *Sa. 143.*

lequel entre les autres fut renommé *de* large et discrète prudence. *C. N. N. I. 1.*

et furent moult joyeux et *du* roy David leur seigneur et *du* roy de France aussy. *J. le B. 145.*

mon amy, lessez moy, car je suis à grand mal-aise. M'amie, dit-il, et *de* quoy. *Joyes (J) 9.*

il estoit en grand soucy *du* conte de Warvic, qui estoit son ennemy. *Com. I. 210.*

et se ennuyerent fort les Florentins *de* luy *Id. II. 144.*

Enfin, en vertu de cette valeur causale de *de*, les expressions *dont, de quoi*, pouvaient signifier *par ce que* ou *à cause de cela* (1).

de quoy le dit messire Hue acquist grand hayne de tout le pays. *J. le B. 9.*

la bonne dame ala et vint moult à malayse *de quoy* elle perdoit la messe. *Chev. 71.*

je estoye bien corrocée *de quoy* vous le faisiez si souvent venir ciens. *Joyes (J) 74.*

le dit roy d'Angleterre et tous les seigneurs de son royaulme se mescontentoient tres merveilleusement *de quoy* le duc de Bourgongne le faisoit si long. *Com. I. 285.*

A.

De nos jours *à* continue à marquer la cause dans des expressions telles que « faire une chose *à* la demande de quelqu'un, » mais cette acception est loin d'être aussi répandue dans la langue actuelle qu'elle ne l'était dans le moyen français ; on ne pourrait plus s'en servir dans les expressions suivantes :

1. Cf. Tobler, *V. B.*, 1, p. 160.

il ne se deust pas longuement tenir,.à sa gent, que il avoit perdue. *Joinv. 534.*

mais *à* quoy feroye plus long conte qui ne seroit au propoz de ma matiere. *Ch. II. 25.*

à la grandeur d'Almaigne et *à* la puissance qui y est, n'estoit pas possible que tout ne se consummast et ne se perdist de tous poins. *Com. I. 263.*

toutesfoiz, *à* la despence qu'il faisoit et *à* tant de gens qu'il avoit, l'argent luy failloit souvent. *Id. II. 86.*

car ilz eussent esté destruictz, *à* la petite provision qu'ils avoient. *Id. II. 153.*

On remarquera la locution *à l'occasion de* qui avait, comme *à* dans les exemples précédents, une valeur causale plus emphatique qu'aujourd'hui :

mais le pis fut qu'elle demoura en chemin (sc. dans la cheminée)... et ce *à l'occasion de* son derrière qui estoit beaucoup gros et pesant. *C. N. N. I. 254.*

en cedit mois vint le Roy à Vendosme et tint son grand Conseil qu'il auoit ordonné estre à Montargis où il ne vint point *à l'occasion de* la grant mortalité qui estoit en la cité d'Orléans, audit Montargis, et ès pays d'enuiron. *Chart. (E).*

La locution *à cause de* est devenue très habituelle au cours du xv⁰ siècle ; elle est surtout fréquente chez Commines :

à cause du grand advantaige qu'il avoit de sa hache. *Sa. 172.*

lequel n'aymoit pas le Roy, *à cause* d'Espinai en Lorraine. *Com. I, 89.*

à cause des grands gelées et froidures fut force que la pluspart des gens dudit duc allassent à pied audit pays de Franchemont. *id. 171.*

à cause de ces trois batailles perduez. *id. I, 398.*

Par contre, l'expression *à cette cause* est tombée en désuétude (1) :

car *à ceste cause* il ne seroit plus empesché de faire queste ça et là pour luy. *C. N. N. I, 57.*

1. Cependant, l'expression « à ces causes » est encore employée dans la langue juridique.

et *à ceste cause* m'y tire le cueur tant roiddement et si fort que... *id. 1, 151*.

En

Dans une expression telle que « faire quelque chose *en* haine de quelqu'un », la préposition *en* a une valeur causale en ce qu'elle indique la disposition qui est le motif de l'action. Cette construction qui était rare dans la vieille langue (1), provient des traductions du latin biblique où *in* était rendu par *en* dans un emploi qui s'était introduit sous l'influence de l'hébreu (2). Très fréquente dans le *Psaultier de Metz*, cette acception de *en* s'étendit aux auteurs laïques de cette époque :

adont parlerait a eulz *en* son ire, et *en* sou corrou les troublerait. *Ps. II, 5*.

sire, *en* tou courrouz ne me weilles argueir, ne *en* ton ire corrigier. *id. VI, 1*.

et j'ai jurait *en* mon ire et *en* mon corrouz : ja n'entreront en mon repolz. *id. XCIV, 12*.

et il leur renderait selonc lour mauvistieit, et *en* lour malice les perderait et destruirait. *id. XCIII, 23*.

Johan lur demanda *en* amour venyr parler ou son seignur. *Foulq. 57*.

ne savez vous pas que *en* voustre fiance je vous mis en possession de mon cueur et de mon corps ensemble. *Tr. 239*.

et lui prioit humblement pour lui que il le voulsist moulteplier *en* sa grace et *en* s'amour. *Chev. 168*.

dame très doulce et très piteuse, me daignes regarder *en* pitié et moy aidier. *Mén. I, 12*.

Judas, qui *en* désespérance se pendit... *id. I, 41*.

et fait l'euist *en* son irour et tantost, se n'euist esté... *Fr. III, 38, 24*.

et *en* paour que l'on ne luy ostast et diminuast de son auctorité, recula de luy toutes gens qu'il avoit acoustumé. *Com. II, 48*.

1. Cf. Gerdau, p. 97 ; Raithel n'en parle pas.
2. Cf. le passage de la *Vulgate* cité par Trénel (p. 635) « calcavi eos *in* furore meo » (Is. LXIII, 3).

Sur

Cet emploi de *sur*, inconnu à la vieille langue (1),
n'a jamais été très répandu et se limite dans le
moyen français à quelques expressions telles que :

il donnèrent conseil... que trèves fussent prises d'une partie et
d'autre *sus* esperance de pais. *Prim. 12. A.*

recongnois et regracie Dieu en ton courage *sus* les bénifices qu'il
te fait. *Prim. 60. K.*

le Roy s'excusoit de cest aide, qu'il avoit accordé, *sur* ceste
guerre qui estoit en Lorraine. *Com. I, 382.*

où nous allasmes... tousjours *sur* la demande des deux citez.
id. II, 320.

Selon

On a déjà remarqué comment le rapport de cause
se rapprochait du rapport de conformité, car ils
étaient exprimés tous deux par la préposition *de* ;
notons également les passages suivants, où *selon*
indique la cause.

et *selonc* la grant multitude de lour mauvistieit boute les arrier
de ti. *Ps. V, 12.*

selonc ta misericorde remenbre toi et te soviengne de mi, Sire,
pour ta bonteit. *id. XXIV, 8.*

si m'aydiez à conseiller *selon* ce que je suis en pays estrange
deça la mer. *J. le B. 140.*

uns rumours et uns debas s'esmouveroit à Bruges... de ses gens
às Flamens, *selonc* ce que Flamenc sont chaut et merancolieus.
Fr. II, 257.

et li sambla grans blasmes de requerre son adversaire de
triewes, *selonch* ce que on li avoit fait de nouviel. Li signeur
d'Engleterre li disent, sauve sa grasce, que non estoit, *selonch* ce
qu'il avoit tout gasté le royaume d'Escoce, et *selonch* che qu'il
avoit à faire en tant de fors (et divers) pays. *Fr. III, 5.29.*

et *selon* sa grand repentance, il est à esperer que son ame est
glorieuse en paradis. *Com. II, 185.*

1. Cf. Waldmann, (A) p. 29, 66.

Enfin, on trouve ce rapport exprimé par une série de nouvelles prépositions tirées de participes présents ou passés, qui ont leur origine dans une construction participiale correspondant à l'ablatif absolu du latin : ainsi, dans la première phase de leur développement on a affaire à un participe qui suit le substantif et s'accorde, ensuite le participe précède le substantif, et, lorsque la flexion disparaît, devient une véritable préposition.

Vu (1).

Vu, le participe passé du verbe *voir*, a pris cette extension de sens au xiiie siècle, mais bien que la forme invariable se rencontre dès cette époque, on a longtemps préféré le faire accorder ; on trouve des exemples de cette construction encore au xviie siècle (2).

Variable.

elle ne devoit tant tarder à retourner, *veue* la promesse que elle luy avoit faicte. *Tr. 272.*

s'il est ainsi... *veue* la grande diligence... la chose est bien estrange. *C. N. N. I. 24.*

se Dieu n'eust delaissé le dit duc, il n'est pas apparent s'estre mis en peril pour si peu de choses, *veues* les offres qui luy avoient esté faictes. *Com. I. 349.*

et par aventure, que s'il (l') eust faict, qu'il fust encores en vie et sa maison entiere et de beaucop acreue, *veues* les choses survenues en ce royaulme depuis. *Id. I, 377.*

Invariable.

veu les us et les costumes de la dite marchandise, deimes et prononçames... *Liv. Met. 457* (Nehry).

1. Cf. Renzenbrink, p. 72, Nehry, p. 60.
2. Cf. Brunot. *H. L.*, III, 383.

et *veu* vostre response... j'ay entencion... de m'en retourner à la court de mon tres redoubté seigneur le roy d'Arragon. *Mons. I, 6o*.

l'autre raison est fondée en pitié, *veu* la condicion desdiz suppliants. *Id. I, 282* (Renzenbrink).

Considéré (1).

Considéré est entré en usage vers la fin du xiv⁰ siècle ; les exemples suivants montrent son évolution :

Le participe suit son substantif et s'accorde :

dont, toutes ces choses *considérées*, soyent receues mes raisons pour vrayes et preuves, nostre sage Roy estre vray chevalereus. *Ch. II, 3g*.

Le participe précède le substantif et s'accorde :

considerées ces choses je m'adventuray de dire au roy. *Com.* (Stimming).

Préposition.

consideré les susdis mouvemens par nature ès cueurs des jueunes et maintes autres raisons que je laisse pour briefté, n'est mie doubte que... *Ch. I, 11*.

il estoit impossible que la royne peust la venir, *consideré* la force de la tour ou i l'avoit laissée enclose. *Sages 144*.

et oultre les prieres qu'i luy faisoit, usoient de menaces, *consideré* leur grand despence et que la saison se passoit. *Com. I, 285*.

Attendu.

Attendu, ainsi que le constate Renzenbrink (2), est presque toujours invariable; Rabelais cependant le fait accorder ; nous avons déjà remarqué d'ailleurs qu'il en use ainsi pour *moyennant* (p. 137).

mais il me semble bien petit pour y mettre voz robes bien à l'aise, sans les froisser, *attendu* les grandes et longues queues qu'on fait aujourd'huy. *C. N. N. I, 160*.

1. Cf. Renzenbrink, p. 75.
2. Cf. *Id.*, p. 74.

mais *actendu* la dignité et celuy à qui vous estes. *Sa. 256*.

car, *actendu* la substance et teneur d'iceles lectres, je n'ay eu de vous autres nouvelles. *Mons. I, 18*. (Renzenbrink).

attendue l'énorme concussion que voions hui. Rabelais (id.).

Cause d'empêchement

Clédat (1) applique cette définition au rapport exprimé par la préposition *malgré*, parce qu'elle désigne la circonstance qui n'a pas réussi à empêcher l'action ; dans le moyen français cette idée était également marquée par les prépositions *nonobstant* et *néanmoins*.

Malgré (2).

La préposition *malgré* dérive du substantif *gré* employé comme accusatif absolu, construction qui se trouve encore dans le moyen français, où *malgré* est quelquefois suivi d'un pronom possessif :

et dont le conseil pourveu et ordené oultre la volonté du roy et *maugré* sien. *Prim. 98* B.

J'ay pris l'Empire *malgré* mien où je n'estoye pas digne. *Ch. I, 26*.

Mais déjà depuis le xii⁰ siècle *malgré* s'employait comme préposition (3) :

mon honneur me contraint *maulgré* moy. *Tr. 167* (Brüsz).

pour conquerre tel royaume comme est Engleterre, *maugré* le propre roy et tous ses aidans. *Fr. I, 32. 26*.

je vois querre le gentil roy Edowart qui li fera temprement vuidier ceste place *maugré* lui. *id. II, 129. 13*.

il se partirent tout *maugret* yaus. *id. III, 11. 18*.

Dans tous les exemples de cette époque *malgré*

1. *Rev. phil. fr.*, IX, 135.
2. Nehry, p.39 ; Brüsz, p.114 : Horbach, p.146.
3. Cf. Johannsen, p. 58.

est suivi d'un complément de personne, ce qui montre que l'on n'avait pasençore perdu de vue le sens primitif de cette locution.

Remarque. L'ancienne langue employait quelquefois *malgré* avec un datif, cf. Johannsen (p. 59) : « ilnec se loga, *maugré à ceus de la cité,* » (Guillaume de Tyr,) mais cette construction ne se rencontre plus après 1300.

Nonobstant (1).

Nonobstant, qui est entré en usage au commencement du xivᵉ siècle, doit son origine à une construction participiale absolue, ainsi qu'on le verra par les deux premiers des exemples cités, où *obstant* prend la flexion du pluriel ; du reste, les deux éléments du mot s'écrivaient souvent séparément jusqu'au xviᵉ siècle. Vu le peu d'exemples qu'on a relevé du verbe *obster*, (cf. Godef., V. p. 558,) il paraît probable que la locution est venue directement du participe latin plutôt que de l'infinitif français :

nous avons fait mettre notre seel en ces presentes lettres, *non obstans* ordenances ou status faiz ou à faire par nous ou noz successeurs. *Doc. 251* (1336).

non obstans lesquels délais... ledit duc de Bourgongne... fist retourner ladicte lictière... *Mons. I, 110.* (Brüsz).

... il et si hoir soient et demeurent quittes, *non obstant* coustume contraire. *Doc. 102* (1331).

l'or et l'argent... se amoindrist et diminue en ung Royaume, et, *nonobstant* toute la garde et defense que on en fait, sest transporte il dehors. *Orᵗ. 59.*

non obstant ce, se chevauçoient il et aloient à leur volenté *Fr. I, 133. 1.*

---

1. Cf. Brüsz, p.118; Renzenbruck, p.46; Horbach, p.147.

si ne doit nul désespérer du salu de telz enfens, *nonobstant* le grand péril. *Ch. I, 11.*

mais *non obstant* cela ilz l'eurent en reverance pour l'honneur de sa maison. *Com. II, 163.*

Remarque I. — Horbach (p. 147) affirme que *nonobstant* s'employait seulement devant un complément de chose ; voici cependant une exception à cette règle :

mais alla ledit duc de Bourgongne de nouveau sur les Liegeois qui luy avoient rompu la paix et prins une ville... *nonobstant* les ostaiges qu'ilz avoient baillé l'an precedent. *Com. I. 105.*

Remarque II. — On trouve également les formes *obstant* et *non contrestant*, mais celles-ci sont beaucoup plus rares que *nonobstant.*

il me souffist prouver que Monseigneur d'Orleans ayt esté bon et loyal chrestien, et qu'il ne commist ne fist onques tel fait ne approbacion, *obstant* la devocion qu'il eut à Dieu dès sa jeunesse. *Mons. I. 314* (Renzen.)
non contrestant la deffense il leur courroient sus quant il verroient que il serroit temps et lieu convenable. *Prim. 53, D.*

Néanmoins (1).

Les exemples relevés par Brüsz de *néanmoins* employé comme préposition sont tous tirés d'auteurs des xvi° et xvii° siècles ; d'ailleurs le complément est toujours le neutre *ce.* Voici des exemples plus anciens où le complément est un substantif :

lesquelles choses Brisaïda aloit pensant, *neantmoins* toutes ses douleurs. *Tr. 268.*
et *néantmoins* quelque chose qu'il lui requeist, il ne lui vouloit requerir chose qui feust à son deshonneur. *Mons. II. 283 (W.).*

1. Brüsz, p. 118.

VIII

APPARTENANCE

La vieille langue possédait trois manières d'exprimer un rapport d'appartenance, savoir : les prépositions *à* et *de*, ou simplement le cas régime sans préposition (1). Bien qu'on remarque avant même le début de la période du moyen français une tendance à supprimer la première et la troisième de ces constructions et à les remplacer par la deuxième (2), on les trouve encore dans 200 paragraphes de Joinville dans la proportion suivante : *à*, 23 fois, *de*, 19 fois, sans préposition, 65 fois (3). Puis aux xiv⁰ et xv⁰ siècles, la préférence pour *de* est de plus en plus visible, les deux autres constructions disparaissant presque entièrement vers la fin de cette période. Dans 50 pages de Commines (II, 287-338), *à* est employé avec ce sens seulement après le verbe *être :* «u n gentilhomme... qui pour lors estoit *au* duc d'Orléans », (p. 289) tandis que la préposition n'est omise que dans un nom propre : Castel Sainct Jehan (p. 294), deux usages qui subsistent encore aujourd'hui ; dans

1. Cf· Foulet, p. 14.
2. *Id.*, p. 26.
3. Haase, *V. et J.*, p. 4.

tous les autres cas l'appartenance est exprimée par
la préposition *de*, comme dans la langue actuelle.

A.

Cet emploi de *à*, qui dès le xiiᵉ siècle commençait
à faire place à *de* (1), est de moins en moins fréquent dans le moyen français ; il subsistera cependant dans la langue littéraire du xviᵉ siècle (2), et la
langue populaire en a gardé des traces jusqu'à nos
jours.

car nous estiens devant la terre *aus* Sarrazins de Barbarie.
Joinv. 128.
Sire je t'apporteray jà assez tost le chief *au* Roy de Secille.
Prim. 76. A.
une ville ancienne qu'on appelloit au temps de la Table Ronde
au roy Artus, le Chastel *aux* Puchelles. *J. le B. 114.*
quant li per, li comte et li baron de Franche sceurent la venue
au dit comte de Montfort. *Fr. II, 300.*
tousjours fustes et serez gracieulx et du party *aux* dames.
Sa. 210.
il a uns esperons du temps *au* roy Cloutaire. *Joyes (H), 26.*
... du temps *du* Roy Cloutaire. *Id. (J.). 34.*
la douleur *à* Jacob pour la mort de son filx Joseph. *id. (J)*
113.
ung François, homme d'armes, fut *à* ung aultre Anglois prisonnier. *C. N. N. I, 32.*

Dans l'ancienne langue *à* servait également à marquer la parenté entre deux personnes ; cette acception se trouve encore chez les auteurs du xivᵉ et du
xvᵉ siècle.

Cil roy qui fut père *à* ce gentil roy Edowart. *J. le B. 6.*
li rois Charles de France, filz *au* biau roy Phelippe. *Fr. I,*
83. 1.

1. Cf. Foulet, p. 25.
2. Cf. Brunot, *H. L.* II, 475.

.l'une des jones filles *au* roy d'Engleterre. *Id. II, 140. 3.*
je suis filz *au* roy de France. *Sages. 169.*
Monsr de Clevez, frere *au* duc de Clevez. *Com. II, 273.*

A s'emploie toujours avec le verbe *être* pour marquer la possession, pourtant au xv' siècle « être à qqn. » avait quelquefois le sens plus spécial de « être au service de qqn. » (1).

, car je le feiz amy du duc Charles de Bourgogne, pour le temps que j'estois *à* luy. *Com. II, 4.*
ung varlet qui estoit *à* monsr des Halles. *Id. I, 297.*
ung email d'ung petit herault qui estoit *à* l'admiral. *Id. I, 299.*

Complément sans préposition.

La construction sans préposition, qui est encore courante au xiv° siècle, disparaît presque absolument avant la fin du siècle suivant ; cette tournure est seulement employée lorsque le complément est un nom de personne.

je n'i vi cottes brodées, ne les [le] roy ne les autrui. *Joinv. 25.*
filz de le serour le derrain roy Charles. *J. le B. 7.*
li première de ses femmes fu fille la Comtesse d'Artois. *Fr. I, 83. 6.*
Elisabeth, mère Saint Jehan Baptiste. *Chev. 193.*
li hos le roy d'Escoce se desloga. *Fr. II, 125. 19.*
sur l'espaulle Jehan de Saintré. *Sa. 64.*
lesquelz le m'ont compté à Venise, là où est le corps saincte Halayne en leur monastere. *Com. II, 185.*

Il faut signaler ici quelques exemples qui vont contre l'usage de l'ancienne langue ; celle-ci n'employait jamais la construction sans préposition pour remplacer un génitif objectif (2).

Tandis que li roys atendoit la delivrance son frere. *Joinv. 401.*

1. Tour qui existe encore en Suisse Romande et dans le Wallon : « être *au* peintre » pour « être en apprentissage chez un peintre ». (Tappolet, p. 34).
2. Cf. Foulet, p. 15 et Clairin, p. 256.

li roys David d'Escoce, qui trop durement estoit courouchiés de la prise son cousin le Comte de Moret. *Fr. II, 334.*

 les nouvelles li vinrent de le prise le signeur de Cliçon. *Id. III, 28. 16.*

Le pronom relatif *cui* (1) s'employait dans la vieille langue comme génitif sans préposition, surtout lorsque le substantif déterminé était déjà régi par une préposition. Cette construction est rare après 1300, mais on la rencontre encore dans Froissart.

Nostre Seigneur Jhesu Christ por *cui* amor il s'estoit croisiez. *Sar. 623.*

le soudanz de Babiloinne, par *cui* efforz ceste besongne avoit esté faite. *Id. 638.*

Pierre Remy, de *qui* fourfaiture elle nous est venue, la tenoit. *Doc. 47* (1329).

après *cui* mort, Johan... fust coronée roy d'Engletere. *Foulq. 52.*

et se il n'estoit fors pour ce faire, il s'en devoit traire au roy d'Engleterre, en *qui* main ces couvenences et alliances estoient dittes et jurées. *Fr. II, 42.25.*

De.

De, qui s'employait seulement devant certains compléments dans la vieille langue, a commencé à supplanter les deux autres constructions à partir du xiiᵉ siècle (2). On remarquera, cependant, que *à* s'est conservé au détriment de *de* lorsque le complément suit le verbe *être*.

et assez d'autrez terrez et de prouvinces et de roiaumes qui tout sont *de* Sarrazins. *Sar. 636.*

et Joseph vint séant en un char qui fu *de* Pharaon. *Ass. 5.*

ces chastiaus estoient *des* Sarazins. *Hay. III. 42.*

aucuns corbeillons qui avoient esté *du* benoit saint Loys. *Prim. 71 C.*

il est aussi à noter que lorsque l'emploi de l'ad-

1. Cf. Brunot, *H. L.* I, 460.
2. Cf. Foulet, 24.

jectif possessif aurait pu laisser subsister quelque
ambiguïté de sens, le vieux français y substituait le
pronom personnel précédé de *de*. Cette construction
a été remplacée dans la langue moderne à partir de
Rabelais par un double possessif qui consiste à ajouter emphatiquement le pronom personnel précédé
de *à* (1).

Puis luy baisa Troïlus, ses lèvres, puis mist le corps *d'*elle en
estendue. *Tr. 229*.
et Dieu le lui donna pour la grant bonté *d'*elle. *Chev. 163*.
il sembloit par advision à cellui chapellain. qui confessé l'avoit,
que il véoit... un gros crapaut sur le cuer *d'*elle. *Id. 203*.
quiconques soit homme ou femme qui vueille à droit ses péchiés
confesser au sauvement de l'âme *de* lui ou *d'*elle. *Mén. I. 21*.
ilz font les noces sans bans car les amis *de* elle ont paour quil
ny suruiengne aucun empeschement. *Joyes. 71*. (*H.*)

Devers.

Remarquons enfin l'emploi de *devers* et *par devers*
exprimant le rapport de possession ; ici, de même
que dans le cas de *à*, il s'agit d'une extension de l'idée
de proximité. Le simple *devers* est tombé en désuétude au cours du xvii° siècle (2), mais le composé
par devers s'est conservé dans ce sens jusqu'à nos
jours. De même que dans la langue moderne le
complément est presque toujours un pronom personnel.

Devers.

Nous avons Damiete *devers* nous. *Joinv. 371*.
toutes fois de force, il fu rescous, mais sa glave demora par
grant proèce *devers* l'abbet qui le garda. *Fr. I. 168. 28*.
et eut là adonc entre lui et le dit comte pluiseurs devises, or-

1. Cf. Meyer-Lübke, III, 74.
2. Cf. Reyelt, p. 50.

donnanches et aliances escriptes,grossées et saiellées, dont chascuns eult les parties *deviers* soy. *Id. II, 292.*

car il avoit saisi *deviers* li le grant trésor. *Id. 293.*

qui estoient prisonnier à Paris *deviers* le roy de Franche. *Id. 344.*

mais ie auray *deuers* moy ce que il vous vouldra donner, clair me le doibt bailler demain. *Joyes 40 (H.).*

Par devers.

li Sarrazin ne vouloient delivrer son frere jusques à tant que il eussent l'argent *par devers* aus. *Joinv. 386.*

ou cas que nous voudrions iceli manoir, édifices et jardin retenir *par devers* nous. *Doc. 3.*

et après ce, soit par maistre Jehan le despencier ou la béguine vostre hostel clos et fermé, et ait l'un d'eux les clefs *par devers* luy. *Mén. II. 70.*

Monseigneur vechy vostre aniel que madamme vous renvoie... que point ne voet qu'il demeurèce *par deviers* elle. *Fr. II. 342.*

IX

COMPARAISON

Pour exprimer un rapport de comparaison, la langue se sert, ou s'est servie, d'une préposition indiquant une idée de supériorité (*sur*), de juxtaposition (*vers*, *à*, *auprès de*), d'opposition (*contre*), d'ordre, de rang (*devant*, *après*), de choix (*entre*, *de*).

Le moyen français offre des exemples de toutes ces constructions.

Sur.

L'emploi de *sur* dans ce sens, qui remonte à l'usage latin (1), était très courant dans l'ancienne langue jusqu'au xvii° siècle (2). Aujourd'hui on ne le trouve plus que dans les expressions « *surtout, sur* toutes choses ».

Asseneth, sa fille, belle *sur* toutes les vierges de terre. *Ass.* 3.
si aviez juré à chascune de nous que vous l'amiés *sur* toutes autres. *Chev. 53.*
o combien est bien eurée voustre beaulté puisque cest homme cy la prise *sur* toutes autres. *Tr. 147.*
Dieu, qui est sage *sur* toute sagesse. *Mén. I. 141.*

1. Comparez l'emploi du latin *super* dans des expressions comme : *super* omnes beatus. (Plinius). Cf. Woelfflin, p. 65.
2. Cf. Haase, *XVII° siècle*, p. 375.

vous ne avez que ung honneur lequel après Dieu, *sur* femme, *sur* enffans et *sur* toutes choses devez plus amer. *Réc. 121.*

se elle n'est *sur* toutes la plus cruelle. *Sa. 16.*

sur tous les aultres amans du monde le plus eureux. *Id. 91.*

Voycy ton mari, lequel tu es tenue d'aymer *sus* tous les aultres vivans. *Sages. 148.*

Il en est de même pour *dessus* et *par-dessus*, dont le dernier s'emploie encore quelquefois dans ce sens.

proeuz entre et *dessus* tous les aultres. *J. le B. 2.*

car *desus* tous il avoit la grignour vois et audiense. *Fr. II. 259.*

et veoit bien clèrement que icelle espouse n'amoit riens soubs le ciel *par dessus* son mary. *Mén. I, 113.*

le roy l'amoit *par dessus* tous. *Sa. 214.*

Vers et envers.

Le deuxième procédé consiste à juxtaposer les deux objets. C'est ainsi que *vers* et *envers*, qui désignaient une proximité de lieu, avaient aussi quelquefois dans l'ancienne langue une valeur comparative. Cet usage est cependant assez rare dans le moyen français ; je n'ai rencontré dans la prose que des exemples d'*envers*, mais Christine de Pisan se sert encore de *vers* dans ses poèmes (1).

Vers.

Et bien cuident par raconter
Choses dont on tient petit compte
Vers Richece qui tout surmonte. Chr. de Pisan (Müller).
Toute autre beauté si fut pale
Vers la sienne de corps. *Id. II, 32* (Reyelt).
... que toutes sont petites
Leurs peines *vers* les grans joyes eslites
Qu'il leur en rend. *Id. II, 81* (Reyelt).

1. Cf. ci-dessus, p. 80, note 2 et Reyelt, p. 21 et 38.

Envers.

la difference de la quel fetour ne puet estre dite ne escrite par lettres, tant est grant *envers* les autres fetours et poretures et chalours. *Mondev.* 1573.

une pouvre femme comme je suis et de basse condition *envers* la voustre. *Tr.* 267.

certes les autres hostels où ils ont esté servis ne leur sembleroient que prisons obscures et lieux estranges *envers* le leur qui leur sera donc un paradis de repos. *Mén. I, 175.*

tout le remenant ne leur semblera que lit de pierres *envers* leur hostel. *Id. I, 176.*

mais ce n'est rien à comparer *envers* un soussy que ung homme raisonnable prent. *Joyes (J) 68.*

Et avient souvent, pource qu'il est très jeune *envers* elle, elle devient jalouse. *Id. 118.*

se le vin ne fust sitost faillis, ce que on t'a rapporté *envers* ce que nous eussions dit ne fust que jeux. *Ch. I, 24.*

ne monte riens, par Saint Amant, *envers* la femme amour d'enfant. *Sages 40.*

Remarque : Reyelt a encore relevé un exemple d'*envers* avec cette valeur au xvi° siècle :

si la plus longue vie est moins qu'une journée, une heure, une minute *envers* l'éternité. Desportes.

A.

Ad s'employait déjà dans ce sens en latin, cf. Bourciez (p. 67): « Cognovimus virum bonum et non illiteratum sed nihil *ad* Persium » (Cic., *de Orat.*); « Ut unum *ad* decem, sic decem *ad* centum » (Quintil). Les deux tours sont passés dans le français mais le premier n'est plus usité dans la langue moderne (1).

... n'est rienz *a* la merveille qui aprez vient. *Sar.* 578.

et cela encores lui sembloit pour rien *à* ce qu'il avoit entencion de faire quant il retourneroit seullet en sa chambre. *Tr.* 242.

1. Il se rencontre pourtant en Suisse Romande dans des expressions comme : « il n'y en a point *à* lui pour faire... ». (Cf. Tappolet, p. 36).

Emprès et auprès de.

A côté de *vers* et *envers* et en partant toujours de
la même conception de juxtaposition, on se servait
aussi de *emprès*, et plus tard de *auprès de*, usage
qui s'est conservé jusqu'à nos jours malgré la condamnation de Vaugelas qui le considère comme un
« vray barbarisme » (1).

mès je ne semble que à une chamberiere *emprès* elle. *Joyes*
(J) *48*.
ie ne semble que vne chamberiere *auprès* delles. *Joyes* (H).*3j*.

Commines emploie *auprès* en ce sens comme
adverbe :

ce que nous avions de nostre costé ne paressoit rien *auprès*.
I. 3r5.

Contre.

On pouvait encore comparer les deux termes en
les opposant l'un à l'autre ; on se servait dans ce
cas de la préposition *contre*, mais cette construction
n'est pas fréquente : pour la prose, je ne peux citer
qu'un seul exemple tiré de Froissart, mais Reyelt en
donne plusieurs qu'il a relevés dans la poésie (2).

elle est encores trop jeune un peu *contre* vostre aage. *Fr.* (La-
curne).
Toute biauté estoit obscure,
Contre si belle creature (Godef.).
Est donc ton cuer si pris et enflammé
De celle qui tant me fait de traveaulx
Que de s'amour soies si affamé
Que de moy fais *contre* elle petit taux. Christine de Pisan
I. 64 (Reyelt).
Tout l'obstacle où nos bras lancent notre tonnerre,
Contre notre valeur ne semble que du verre. Rotrou (id.).

1. Cf. Vaugelas, II, 474.
2. Cf. Reyelt, p. 77 et Michael, p. 5.

De même *encontre* :

Qui bien voudroit justement regarder
Les biens de Dieu *encontre* les mondains
Cure n'aroit de richesces garder. Deschamps (Bode).

Devant.

Le même rapport s'exprimait au moyen de *devant* ; on doit y voir une extension de la fonction de cette préposition qui marque ordinairement l'ordre ou le rang. Il est à noter que *prae, praeter*, et *ante* s'employaient dans un sens analogue en latin (1).

Car aprez le roy de France il estoit puissant *devant* tous les autres. *Prim. 84. H.*

il estoit souverain entre les varlés de la chambre du roy, et le plus puissant *devant* touz. *Id. 99. J.*

il n'est aujourd'hui sire qui le sceut faire *devant* lui. *Fr.* (Godef.).

Après.

Après, par un procédé inversé, marquait l'idée opposée :

... sa femme et ses enfans, qu'il ame plus que chose qui soit, *après* son honneur. *Joyes(J.), 112.*

Entre.

Cet emploi de *entre*, qui est d'un usage courant , dans la langue actuelle, date déjà du xiv⁰ siècle.

Entre toutes les autres Touris est la plus renommée cité. *Bay. I. 9.*

Messire Fouques de Laval estoit moult beaux chevalier et moult net *entre* tous autres chevaliers. *Chev. 239.*

entre toutes choses vous commende que... *Sa. 54.*

lequel *entre* les autres fut renommé de large et discrète prudence. *C. N. N. I. 1.*

1. Cf. Woelfflin, p. 64.

son oncle, lequel *entre* toutes les maisons du monde, aymoit ceste maison de Bourbon. *Com. I. 10.*

De.

On peut également rattacher à ces constructions l'emploi de *de* dans des locutions telles que : le Saint *des* saints, le Roi *des* rois, où la préposition marque une idée de supériorité ou d'excellence. Cette tournure est un hébraïsme introduit dans la langue par les traducteurs de la Bible (1).

mès le Roy *des* roys vout que son roy… passast apertement devant touz à nage. *Prim. 24. E.*

et prie le Dieu *des* Dieulx qu'il vous doint entière joye de trestous voz désirs. *Sa. 2.*

Enfin, on se sert aussi des locutions *au regard de* et *au prix de.* La première de ces expressions existait déjà au commencement de notre période ; on la trouve dans Froissart sous la forme *ou regard de.*

Aucunz de noz vessiaux en eschaperent ; mais ce fu a merveilles petit (nombre) *au regard de* cex qui estoient pardu. *Sar. 615.*

telz gens qui n'estoient de nulle comparoison *au regart des* roys de France. *Prim. 90. A.*

il n'estoient que une puignie de gens ens, *ou regard de* le communauté d'Engleterre qui là estoit assamblée. *Fr. I. 49, 10.*

car Haynaus est uns petis pays, ce savés, *ou regard dou* royaume de France. *id. I. 122, 8.*

et, ne doubtez la grandeur ne la force de ce géant, *au regard de* vous. *Sa. 142.*

Au prix de se rencontre pour la première fois dans Commines.

la puissance me sembloit tres petite *au pris de* celles que je avoiz veu. *Com. II, 268.*

le Roy… qui estoit bien foible *au pris* d'eulx. *id. II, 327.*

1. Cf. Trénel, p. 250.

X

PRÉPOSITIONS DE RESTRICTION

Ces prépositions sont de plusieurs catégories (1) ;
les plus importantes pour notre étude sont : A)
celles qui indiquent l'objet ou le cas auquel l'affirmation s'applique strictement et, B) celles qui
indiquent les objets ou les cas auxquels l'affirmation ne s'applique pas.

A

(1) **En.**

En ce qui concerne le premier de ces rapports on
remarquera d'abord l'hésitation dans l'usage entre
de et *en* pour indiquer « la partie qui sert à l'accom-
plissement de l'action, ou à laquelle appartient, à
l'exclusion de toutes les autres, la qualification
exprimée par l'adjectif (2) », c'est-à-dire le rapport
exprimé par *de* dans les expressions : « il lui ressemble *de* visage, il est faible *de* complexion ».
Voici des exemples tirés de nos auteurs où *en* serait
remplacé par *de* dans la langue actuelle :

1. Cf. Clédat, *Rev. phil. fr.* IX, p. 136.
2. Clairin, p. 211.

Je di que il est aucuns d'iceus, aussi comme ydiotes, simples et ignorans, et sont merveilleusement orgueilleus et despiteux en cuer. *Mondev. 1 6.*

le viellart, ainsy parlant, estoit fort humble *en* visaige et *en* semblant. *Tr. 202.*

... avoit sourcilz en archiez, les yeuls de belle forme, bien assis, chasteins *en* couleur. *Ch. I, 1 7.*

le sainct pere pape Urbain cinquiesme *en* celluy nom. *Sa. 3o.*

A côté de la locution *quant à*, qui a une valeur restrictive en même temps qu'elle donne plus d'emphase à l'expression qu'elle introduit, le moyen français employait *de, quant de, quant est de, à, endroit, au regard de*, et quelquefois *entre*.

De.

De chevaus et *de* vestures, sivent la maniere des Tartars. *Hay. I.9.*

De usure il est certain qu'elle est mauvaise, détestable et inique, et ainsi le treuve on en la Saincte Escripture. *Or. 5 2.*

car *de* moy je n'en pense à nullui donner l'onneur plus l'un que l'autre. *Fr. II, 84.1 o.*

et (je) vous pry que vous le tenez nettement *de* linge. *Mén. I, 1 68.*

mais *de* celle que plus vous aimez et vouldriez que feust vostre dame, puis quant ne la veistes vous? *Sa. 9.*

De sa beauté, j'en sçay de plus belles, comme damoiselle Gillette la Perdrielle. *Langl. 4.*

De moy, il me sembloit qu'il ne me croyoit point du tout. *Com. II, 249.*

Remarque : Cette construction est encore employée au xvi° siècle (1) et au siècle suivant Vaugelas admet toujours *de moy* pour *quant à moy* dans le style poétique (2).

---

1. Cf. Darmesteter et Hatzfeld, *XVI° siècle*, p. 275.
2. Cf. Vaugelas I, 3a5.

Quant de, quant est de.

Quant d'escripre, n'y a force que femme en saiche riens. *Chev.*
178.

et *quant de* la peine et de langoisse de lenfantement ne men
merveille non plus que de ungne oye. *Joyes (H.). 51.*

et *quand est de* la male royne Gezabel, elle se mist en un portail
par où le roy Jozu passoit. *Chev. 139.*

mais *quant est de* l'enfant, il est mien. *C.N.N.I.123.*

A.

et si soutilment le fait li dyables; car *aus* grant usuriers et *aus*
granz robeours, les attice il si que il lour fait donner pour Dieu
ce que il deveroient rendre. *Joinv. 33.*

à demourer entre les Greux, je ne m'y fieroye jamais. *Tr. 233.*

et *aux* autres fit auecques eux tellement que tous se partirêt
contês de lui. *Chart. (E.).*

Endroit, endroit de.

mais *endroit de* moy, ne me souvint onques de pechié que
j'eusse fait. *Joinv. 354.*

li uns d'aus... dist que *endroit de* li il avoit tuei six de nos
gens. *id. 369.*

les gallans de toutes pars, qui ne attendent chacun *endroit* soy
fors à decevoir le pouvre homme. *Joyes (J.), 19.*

Au regard de.

et *au regard des* chevaulx, nostre maistre l'escuyer m'y aidera
très voulentiers. *Sa. 66.*

et que, *au regard* du connestable, il scavoit bien qu'il avoit
prins quelques intelligences avec le roy d'Angleterre. *Com. I,*
289.

et *au regard de* moy, je m'atends estre gouverneur de Flandres.
Id. I, 406.

Entre.

et *entre* vous dames, seez vous toutes cy, et escoutons ceste
nouvelle. *Sa. 276.*

Par.

On peut aussi rattacher à ces constructions l'emploi de *par* suivi d'un pronom personnel ; cet usage qui remonte au latin *per se*, etc., a subsisté dans des expressions telles que : « vivre *par* soi-même ».

la dame... s'en rit tout *par* elle soubz les draps. *Joyes (J.)* *14*.
et se mist cescuns à l'enventure *par* lui. *Fr. I. 61. 27.*
et se logièrent li signeur, cescuns sires *par* lui et entre ses gens. *Id., II, 56.24.*

B

Dans la catégorie d'expressions qui indiquent les objets ou les cas auxquels l'affirmation ne s'applique pas, il faut noter une série de prépositions nouvelles : *sauf, excepté, réservé* et *hormis* que le moyen français a tirées soit d'un adjectif, soit d'un participe passé.

Sauf.

Sauf (1) qui date du xıı^e siècle, est dérivé de l'adjectif *sauf* employé dans une construction absolue ; du sens de « sain et sauf » il a passé à celui de *à la réservation de, à l'exception de* ». Voici des exemples de la construction primitive, qui a subsisté jusqu'à Rabelais :

Sauve vostre grace, je ne faiz mie à blasmer. *Joinv. 36.*
ilz se rendroient et la ville avecques, *sauve* leur vye, leurs membres et leur avoir. *J. le B. 19.*
qu'il nous weille recepvoir en pitié, au moins prisonniers, *saufs* nos corps et nos membres. *J. le B. II, 134.*
Après, je dy que tu dois acquerre et user des richesses, *sauve* tousjours ta conscience. *Mén. I, 224.*
si eurent conseil entre yaus qu'ils se renderoient, *sauves* leurs vies et leurs membres. *Fr. II, 109, 25.*
et à la parfin fudéterminé et dit que, *saulves* toutes raisons

---

1. Cf. Renzenbrink, p. 62 et Nehry, p. 66.

d'escripture saincte ou théologie, n'estoit point de neccessité que... *Ch. I, 33.*

ledit roy Ferrand les devoit envoyer en Prouvence par mer, leurs bagues *sauves. Com. II, 349.*

Les truyes en leur gesine, *saulve* l'honneur de toute la compaignie. Rabelais (Littré, *Hist.*)

On remarque aussi que la forme *sauve* est fréquemment employée devant un substantif masculin. On a pensé à tort que cette forme est un adjectif féminin analogue à *chauve, chauf (calvum)* (1), mais il faut en réalité lire *sauvé*, car il s'agit d'un participe passé introduit sur le modèle de *excepté, réservé,* etc., etc. : on trouve cette expression dans Commines sous la forme *sauvées.*

il renderoient le cité, *salve* leurs corps et leurs biens. *Fr. I, 110. 12.*

sauve nostre droit en autres choses. *Doc. 47 (1329).*

toutesfois, il me semble de ceste chose *saulve* tousjours meilleur jugement... *Or. 66.*

il se rendirent de plein acord au dit conte, *salve* leurs corps, leurs membres et leur avoir. *Fr. II, 93, 15.*

et rendit la place audit duc de Lorraine, *sauvées* leurs personnes et biens. *Com. I, 373.*

La forme invariable *sauf* est plus rare à cette époque :

Le pappe manda entretant à l'un et à l'autre roy... que *sauf* les raisons de l'un et de l'antre, il se assemblassent devant li pour faire pais et accort. *Prim. 98. C.*

par ma foy, *sauf* vostre grace, madame, dit il, se je le sceusse je ne le demandasse pas. *C. N. N. I, 258* (Renzenbrink).

Excepté et réservé.

Excepté et *réservé* (2) dérivent des participes pas-

1. Cf. Renzenbrink: Die an sich feminine Form *sauve* in der Verwendung als Maskülinum ist nichts Auszergewœhnliches, findet eine Analogie, z. B, in *chauve* (masc) ælterem *chauf, (calvum).*

2. Renzenbrink, p. 65, 68.

sés des verbes *excepter* et *réserver* ; ils datent tous deux de la première moitié du xive siècle. La forme variable s'employait à côté de la forme invariable :

Excepté, variable :

il peut acquerre jusques à trois cents livres tournois de annuel et perpetuel rente en leurs fiez et arrerefiez *exceptées* forteresces et fiez de chief de chastellerie. *Doc. 112 (1331).*

sauve et reservé a nous et aus nostres dessusdiz toute justice *exceptée* la justice fonsière. *Id. 16 (1328).*

il prist toutes les citez et les forteresces, *exceptez* vii chastiaux. *Prim. 96. G.*

ne ne busmes d'aultre bruvage que de la rivière courant, *exceptez* aucuns seigneurs qui avoient bouteilles. *J. le B. 54.*

De même dans Rabelais :

mais tout le monde souppoit, *exceptez* quelques resveurs sougears (Renzenbrink.)

Invariable.

celle maladie du devant dit feu s'en commença à départir de partout le corps d'icelle fame, *excepté* les dois de la main senestre. *Prim. 71. H.*

... fist tous vuider hors de la chambre *excepté* sa mère et son confesseur. *Mén. I, 182.*

puis mettez tout boulir ensemble en un pot avec la purée ou eaue boulie, *excepté* la loche frite. *Id. II, 173.*

et tuèrent tous les Espagnolz, *excepté* dix. *Fr. II, 156. 20.*

Adoncques sera il terre *excepté* les os qui encores ne le seront pas. *Sages. 53.*

toute l'artillerie, *excepté* six pieces que le Roy menoit. *Com. II, 293.*

Renzenbrink n'a relevé aucun exemple de l'emploi variable de *réservé* ; on en trouve cependant dans les *Documents Parisiens.*

quatre cents livres parisis, *reservée* nostre taxacion. *Doc. 117 (1331).*

Invariable.

mais tous li autre *réservé* les Flamans voloient bien scavoir pourquoi et comment il estoient là venu. *Fr. II. 256.*

réservé toutefoiz à luy son hommage, soùvraineté *Ch. II, 29*.

car là moururent tres-tous les seigneurs dessusdits *réservé* les
Duc d'Orléans et de Bourbon. *Chart.* *(E)*.

Hormis, formis.

Cette préposition, qui est dérivée de l'adverbe
hors ou *fors* joint au participe passé de *mettre*, date
du xiii° siècle (1) ; le moyen français fournit des
exemples de son emploi comme participe aussi bien
que comme préposition.

et puis... reconquirent leurs forteresses *fors mise* la cité de
Berwich. *J. le B. 253* (Renzenbrink)

la royne donna congié aux gens de son pays que chascun ralast
en sa maison et en ses besognes, *hors mis* aucuns barons et chevaliers. *J. le B. 29*.

il sont tous à cheval ungs et aultres, *formis* la ribaudaille,
Id. 47.

et reconquisent toutes les forterèces que li Englès tenoient,
hors mis le bonne cité de Bervich. *Fr. II, 50. 12.*

Fors, etc. (2).

Fors qui avait très rarement une valeur concrète
servait couramment à exprimer une idée de restriction, comme dans l'expression « tout est perdu *fors*
l'honneur ». En même temps on trouve la locution
fors que qui s'employait surtout dans des phrases
négatives, construction qui s'est conservée jusqu'a u
xvii° siècle. Quant aux formes *hors* et *dehors* qui
étaient les plus employées dans l'expression des rapports de lieu, elles ne semblent pas avoir servi à
exprimer le rapport de restriction.

1. Cf. Renzenbrink, p. 69.
2. Cf. Bœddeker, p. 165.

Fors.

les os de tout le cors, *fors* les os sesamins, sont en nombre
2o3. *Mondev. 63.*

car je n'ay nul autre prisié *fors* moy tant seulement. *Mén.
I, 33.*

la povre fille qui n'avoit aucune garnison quelconque, ne de
busche.., ne de rien, *fors* un lit et une couverture. *id. I, 237.*

nulz n'i venoit pour mandement qui fais leur fust, *fors* uns seulz
chevaliers. *Fr. II, 89. 21.*

Fors que.

et en tout cel assaut n'ot onques mort en nulle manière nulz
des noz, *fors que* un des mariniers. *Prim. 47. D.*

car c'est cellui qui voit tout le parfont de la voulenté de vostre
cuer, ne le prestre n'y a *fors que* l'oreille. *Mén. I, 27.*

mès riens n'emportèrent ne menèrent dou leur, *fors que* seulle-
ment leurs ronchins qu'il chevauchoient. *Fr. II, 413.*

et si n'estoit ul qui osast, sur la teste coper, forspasser ne chevaucher devant les banières *fors que* les mareschaux. *J. le B. 5o.*

Estre.

La préposition *estre* est encore employée dans ce
sens dans *Foulques Fitz Warin* :

e nul n'y habita ces parties, *estre* trelede genz. *Foulq. 18.*

e al dreyn furent tous le geantz occys, *estre* Geomagog. *Id. 18.*

ou ly vç, qe chevalers, qe serjauntz, à chyval e à pée, *estre* les
borgoys et lur serjantz, *id., 3o.*

XI

PRÉPOSITIONS COPULATIVES

Le moyen français se servait des prépositions *entre* et *parmi* avec une valeur copulative pour marquer une idée de collectivité, rapport qui ressemble à celui d'accompagnement exprimé par *à*, *o*, *avec*, etc. (v. p. 61).

Cette acception de *entre* (1) était beaucoup plus fréquente à cette époque que dans la langue moderne, où on ne la trouve que dans des expressions telles que « entre pièces de 5 francs et pièces de 20 francs, il y avait dans cette bourse 200 francs » (Littré 9).

et me manda que... nous loïssiens une nef *entre* li et moy. *Joinv. 113.*

Quant vint au vendredi, *entre* moy et mon signour Erart, tuit armei alames au roy pour la galie demander. *Id. 151.*

mes sires Ymbers de Biaujeu, connestables de France, qui n'estoit pas là, ainçois estoit au dehors de l'ost, *entre* li et le maistre des arbalestriers. *Id. 173.*

si le fist et se mist à voie *entre* lui et ma dame sa femme. *Fr. II. 119. 31.*

Parmi s'employait dans un sens analogue, mais cet usage était plus restreint ; il est à remarquer que

1. Cf. Meyer-Lübke, III, 217.

ni Raithel ni Renzenbrink ne parlent de cette construction (1).

dix-neuf bouchiers qui par estimation commune vendent, pour sepmaine, eulx tous, l'un temps *parmi* l'autre, et la forte saison portant la foible, dix neuf cens moutons. *Mén. II. 8 2.*

deux paires de chausses luy cousteroient, l'une *parmy* l'autre, deux escuz. *Sa. 49.*

car il avoit en son host plus de six vingt mille hommes as armes, *parmi* les Flamens. *Fr. II. 54. 18.*

et avoient bien deux cens vassiaus *parmi* ceuls des pourveances. *Fr. II. 219.*

et petit à petit tant passèrent que il furent plus de cent *parmi* les arbalestriers. *Fr. II, 249.*

et estoient bien, quant tous furent venus et asamblé, six mille hommes d'armes et vingt mille d'autres gens *parmy* les Geneuois qui estoient desoubz messire Charles Grimaulx. *Id. II. 3 10.*

1. Comparez « Elle est bonne et très aimable *parmi* tout cela ». Madame de Sévigny (Haase, *XVIIe siècle*, p. 375).

XII

PRÉPOSITIONS OBJECTIVES

Pour indiquer l'objet d'un discours, d'une pensée, etc. (1), le moyen français connaissait *de* et *sur*, qui ont encore cette valeur de nos jours. On employait aussi parfois *environ* et *entour ;* d'autre part, la préposition *touchant*, tirée du participe présent du verbe *toucher*, fut créée à cette époque.

De.

On a déjà remarqué dans les chapitres sur la cause, l'instrument, etc., que la préposition *de* avait une valeur plus emphatique dans l'ancienne langue que dans la langue actuelle. Il en est ainsi dans l'expression de ce rapport : tandis que *de* s'emploie toujours après des verbes comme *parler* et *penser*, nous y substituons en de nombreux cas une expression plus spéciale telle que *concernant, au sujet de* (2).

nulle tentacion ne nulle doute je n'ai *dou* sacrement de l'autel. *Joinv. 49.* (Clairin).

à ce respondi li roys que il lour commanderoit volontiers *de* touz ceus dont on le feroit certein que il eussent tort. *Joinv. 63.*

1. Cf. Clédat, *Rev. phil. fr.*, IX, p. 125.
2. Cf. Clairin, p. 243.

à qui *de* vos privées nécessités vous puissiez avoir conseil. *Mén. I. 4.*

et vous ay-je nourry pour me rapporter une telle bourde, **voire** *de* celle qui tant est bonne et loyale. *C. N. N. I. 289.*

pour conclurre *de* ce en brief. *Ch. I. 23.*

avint, une foiz, qu'il ot donné à un gentilhomme, qui bien l'avoit desservi en ses guerres, la somme de cinq cens frans... *de* laquelle chose avoit comandé de bouche expressément à un de ses générauls. *Ch. I. 30.*

il eut bon jugement *de* la personne dudit de Lescut. *Com. I. 248.*

le bruyt qui se faisoit *du* filz de l'empereur. *Sages 149.*

vous n'estes ne bon ne loyal, quant m'avez ainsy menty *de* vostre suer. *Langl. 4.*

Se taire d'une chose :

je me tairay ung petit *des* Anglois. *J. le B. 46.*

ne me vueil-je pas taire *d'*un exemple servant au propos de retraire... *Mén. I. 237.*

Demander de quelque chose.

et li demandoit moult doucement *de* son estat et de son afaire. *Fr. I, 16, 15.*

et li demanda *de* l'estat de chiaus de la ville. *Fr. II, 152. 2.*

ung jour se trouva la mère à nostre espouse devers sa fille et luy demanda *de* son mary, *de* son estat, *de* ses condicions, *de* son mariage et cent mille choses que femmes scevent dire. *C. N. N. I, 108.*

mais je demande *de* celles qui riens ne vous sont. *Sa. 10.*

Dire de au sens de *parler de.*

Tout premier je vous dirai *dou* roy de Sezile... pource que c'estoit li premiers par devers Babiloine. *Joinv. 266.*

en toute quele. 2. doctrine je dirai *des* cures des ulcerations. *Mondev. 1421.*

si vus plest saver mon nation, je ne le vus dirroi mye si vus ne me diez eynz *del* vostre. *Foulq. 105.*

Penser de quelque chose, pour penser à quelque chose.

quant elle devoit estre à la maison à penser *de* son ménage. *Joyes. (J). 16.*

... (sc. le mari) pense *de* ses besognes par la meson. *id. 59.*

Savoir de quelque chose.

et tousjours pensoit comme il pourroit savoir plus clèrement *de* son malheureux songe. *Tr. 296.*

bon mary vint à l'ostel pour savoir *de* l'estat et santé de sa très bonne femme, ce qu'il estoit trèsbien tenu de faire. *C. N. N. I, 221.*

se voulez scavoir *de* la tres fiere guerre de Jules Cesar et de Pompée... lisez Lucan. *Sa. 71.*

Une ancienne construction étudiée par Tobler (1) consiste à intercaler la préposition *de* entre un verbe de perception et son complément, surtout lorsque celui-ci est le sujet logique d'une phrase subordonnée ; on en trouve encore des exemples dans le moyen français.

ces entendirent *du* regne de Perse qui estoit sanz seigneur. *Hay. II, 9.*

Or regardez *de* ma pelice que je n'avoie onquesmais vestue, quelle est attournée. *Mén. I, 161.*

je sçay bien *des* Greux qu'ils sont de grant valeur. *Tr. 266.*

Regardez *de* Grisilidis, quels fais elle supporta et endura. *Mén. I, 141.*

mais encores ne mengera il jusques a tant que il sache *de* la dame comment il lui va. *Joyes. 22 (H).*

Sur.

Quant à l'emploi de *sur* dans cette acception, l'usage n'a guère changé (2) ; remarquons cependant les expressions suivantes :

envoiez de vos gens pour enquérir de leurs conditions *sur* le trop parler, *sur* le trop boire. *Mén. II, 57.*

si envoia messages à li de rechief *sus* ceste meismes cause. *Prim. 97 A.*

ne weilliez pas faire chose par quoy en puist parler *sur* vous en nulle vilainie. *J. le B. II, 138.*

1. *V. B.* I, p. 17.
2. Cf. Waldmann (A), p. 28.

au roy Edouwart *sur* qui ceste hystore est ordenée. *Fr. I, 9, 14.*

or vueil touchier *sur* le fait d'aucunes femmes qui se orguillirent des honneurs et des biens que Dieu leur avoit donné. *Chev. 132.*

je vous diray un exemple *sur* le fait de charité. *id. 169.*

si commencièrent li cardinal à trettier *sus* avoir triewes à durer trois ans. *Fr. III, 34, 8.*

incessamment estoient gens allans et venans *sur* ce partaige. *Com. I, 173.*

Depuys y retourna ledit seigneur de Clerieux,... *sur* aulcunes ouvertures. *id., II, 368.*

Environ et Entour.

Ce même rapport s'exprimait aussi au moyen de *environ* et *entour* ; il est à noter que la deuxième de ces prépositions a transmis cette fonction à *autour de* dans la langue du xvi⁰ siècle (1).

Environ.

le. 3. (sc. chose à considérer) est *environ* la maniere d'eslire medecine convenable aus plaies. *Mondev. 590.*

Quatre choses sont a entendre *environ* l'extraction des choses. *id. 596.*

environ la quele entencion. 2. choses sont à pourveoir. *id. 39.*

Entour.

Après ce que Haloon ot ordené ce que faisoit mestier *entour* la garde de la citei de Halape e de Damas. *Hay. III, 21.*

Touchant.

Touchant, dont Renzenbrink (p. 52) ne cite pas d'exemples avant Froissart, était déjà employé comme préposition par Nicole Oresme. Sa formation ne donne lieu à aucune addition, après ce que

1. Comparez le passage suivant cité par Darmesteter et Hatzfeld, *XVI⁰ siècle* : « Je veux dire mon expérience *autour de* ce sujet » (Montaigne).

nous avons dit plus haut à propos des autres prépositions qui dérivent d'un participe présent.

Participe.

D'aucuns inconveniens *touchans* le prince, qui sensuivent des
mutacions des monnoies. *Or. 5 6.*

Préposition.

et *touchant* la course de la monnoie d'argent,... il est aussi à
doubter la diminucion du royaume... *Or. 4.*
les premières loix, statuz, coustumes et ordonnances *touchant*
la communaulté. *id. 2 6.*
la seconde chose que l'on doit sçavoir *touchant* restitucion.
Maill. 20.
quelque pourparler... *touchant* le mariage de ceste fille. *Com.
I, 230.*
la responce... *touchant* lesdites naves. *Com. II, 33 6.*

Remarque. Concernant, qui est souvent employé
dans l'expression de ce rapport par la langue
moderne, ne se trouve pas dans les auteurs du moyen
français; d'après Renzenbrink (p. 35), les premiers
exemples datent de Rabelais.

XIII

MESURE DE DIFFÉRENCE (1)

Un aspect spécial de la fonction de *de* dans la désignation du point de départ est son emploi pour indiquer une mesure de différence, comme dans l'expression « elle en a trop *de* plus de la moitié » (*Chev. 106*), construction qui existe toujours dans la langue moderne. Cette acception de *de* explique l'usage de l'ancienne langue qui emploie cette préposition au lieu de la conjonction *que* après un comparatif, lorsque le complément est un substantif ou un pronom :

la correction des plus grans et plus expers *de* moy en ceste science. *Or. 2.*

car plus sage *de* moy la compila et intitula. *Mén. I. 126.*

... dire grosses paroles à plus grans et à plus fors *de* soy. *Chev. 140.*

onques n'avoit veu si noble, si friche, ne nulle si belle *de* li. *Fr. II, 132. 8.*

je ne croy point qu'il nasquist homme plus parfait *de* celui qui tant vous ame. *Tr. 147.*

et y a peu de roys, sauf celuy de France, plus puissant *de* luy. *Com. I, 43.*

nulle plus belle ne meilleur n'estoit *d'elle. Langl. 1.*

De même après *autre* :

1. Cf. Foulet, p. 80 et Tobler, *V. B. I* (2), p. 141-146.

et (je) ne souffreroye pour mourir qu'aultre *de* luy y touchast. *C. N. N. I, 294.*

De marque également la différence dans la construction « de tant... de tant », calquée sur le latin « tanto... quanto ».

car fortune est comme une verrière qui *de tant* comme elle est plus clere et plus resplendissant, *de tant* est-elle plus tost brisée. *Mén. I, 215.*

et ainsi, *de tant* comme le pechié est plus villain et plus horrible, *de tant* est la temptacion plus ardente. *Chev. 130.*

car toute femme qui voit son seigneur doulz et simple, sans grant malice, *de tant* lui doit-elle porter plustost honneur. *id. 133.*

de tant que il laura plus chere et *de tant* lui fera plus de melancolies pour lui donner soussi. *Joyes (H.) 45.*

mais *de tant* que ceste maison de Bourgongne estoit plus grande que les aultres... *de tant* luy fut plaisir plus grand et plus que de tous les aultres ensemble. *Com. I, 400.*

Remarquons enfin les expressions suivantes, qui se rattachent à cette acception de *de* :

quel différance treuve-il en son corage *des* affeccions et desirs passez à ceulx que ores a. *Ch. I, 13.*

mais ilz ne font point grant differance en Italie *d'*ung bastard *à* ung legitime. *Com. II, 113.*

Melette *d'*assez fust la plus bele. *Foulq. 24.*

l'autre chevalier eust meilleure chière *d'*assez. *Chev. 240.*

XIV

SPÉCIFICATION

———

(A) De *devant le sujet logique de la phrase*.

La construction qui consiste à mettre la préposition *de* devant le sujet logique de la phrase (1),
comme dans l'expression : « bone chose est de pais »
(Joinville, 491), a pris une grande extension pendant
la période qui nous occupe. En même temps on
observe que la préposition perd de plus en plus sa
valeur primitive, d'après laquelle elle indiquait la
provenance ; ainsi dans une phrase telle que : « Et
quant au deuzième péchié qui est *de* ire » (*Sa. 18*), le
complément *ire* spécifie l'idée exprimée par *péché* et
la fonction de la préposition est la même que dans
les expressions où elle marque une apposition : « le
sentiment *de* compassion (2) ».

> et preudefemmes ne scevent que ce est *de* ce. *Mén. II, 58*.
> merveilles est *de* sa mémoire et belle loquelle. *Ch. II, 16*.
> *de* quoi ce fut pités et damages. *Fr. I, 82.15*.
> et si morut sans hoir marle, *dont* ce fu damages pour le
> royaume. *Fr. I, 83.3*.
> c'estoit grant cose et noble *de* la ducé de Bretagne. *id. II, 140*.
> *12.*

1. Cf. Tobler, *V.B. I* (2), p. 5 et Haase, *XVIIe siècle*, p. 284.
2. Cf. Clédat, *Rev. phil. fr.*, IX, p. 122.

ensi que gens font qui ne sèvent que c'est *de* gerre. *Fr. II,
273.*

et quant au troyziesme péchié qui est *d'*envye. *Sa. 20.*

ce n'est pas pou de chose *de* ce fait cy. *C. N. N. I, 77.*

c'est peu de chose *des* houseaulx. *id. I, 132.*

et n'estoit rien *de* la vie de son compaignon s'il le povoit rencontrer. *id. I, 214.*

si ne savoient que c'estoit *de* guerre. *Com. II, 153.*

le roy, quant le vit si bel, voulut savoir que *de* luy seroit. *Langl. 8.*

De même le complément prédicatif pouvait être un adverbe. Il faut sans doute y voir l'origine de la locution moderne : « il en est ainsi de... ».

si je estoie comme *de* vous. *Tr. 159.*

mais il n'est pas ainsi *du* courage de mes vassaulx comme tu cuides. *Mén. I, 108.*

et aussi est-il *des* lièvres et *des* chiens. *id. II, 152.*

il n'est mie ainsi *de* moy comme il est *de* vous. *id. I, 162.*

et ainsi est *de* l'avaricieux. *Sa. 23.*

j'ay grant doubte, dit la dame, qu'il ne soit ainsy *de* vostre filz et *de* vous. *Sages 91.*

y n'est pas ainsy *d'*ung prestre. *id. 106.*

Les expressions suivantes se rattachent également à cette construction :

aller d'une chose.

Ensi ala *de* ceste aventure et *dou* voiage monsigneur Guillaume de Douglas. *Fr. I, 82. 19.*

O ma fille treschière comme te va *de* mariage. *Sages 105.*

être de coustume.

mais si comme il est *de* coustume anciennement aus rois de France. *Prim. 97. E.*

comme il est *de* coustume. *C. N. N. I, 1.*

alors estoit en celluy lieu *de* coustume. *Sages 151.*

de nécessité.

ce qui est *de* nécessité pour son corps soustenir. *Mén. I, 45.*

y m'est *de* necessité de scavoir. *Sages 122.*

de merveille.

> quant un aveugle maine l'autre, ce n'est pas *de* merveille se ils chéent tous deux en une fosse. *Mén. I, 24.*
> et n'estoit point *de* merveilles s'il en avoit craincte. *Com. I, 221.*

Quant à la locution *que de* employée dans un sens analogue, Tobler pense qu'il s'agit d'un croisement de la construction étudiée plus haut avec la tournure de l'ancienne langue qui consiste à employer *que*, pronom relatif neutre, dans une phrase elliptique :

> qui estoit peu de chose à luy *que* une pomme. *Mén. I, 141.*
> j'avoie fait *que* saiges. *Joinv. 326.*
> li chevaliers li respondi que mout avoit fait *que* fous. *id. 52.*

Par suite de la combinaison des deux constructions on a :

> si est moult perilleux pechié de gloutonnie *que de* vin. *Chev. 115.*
> car c'est moult longue chose *que de* usure et moult mauvaise. *Mén. I, 46.*
> et pour certain, homme en quelque estat qu'il soit, noble ou non noble, ne peut avoir meilleur trésor *que de* preude femme et saige. *Mén. I, 64.*
> helas,ma dame se vous saviez quel homme c'est *que du* galant. *Joyes (H.) 80.*
> c'est peu de chose *que du* peuple. *Com. I, 165.*
> c'est peu de chose *que de* l'homme. *id. II, 97.*
> vecy ung droit dyable *que de* ceste femme. *Sages 53.*
> c'est belle chose *que de* deables que vous appellez femmes. *Langl. 9.*

Cette construction ne s'est pas conservée dans la langue moderne excepté devant un infinitif et dans certaines expressions telles que « ce que c'est que de nous », voy. Littré, *De,* 23.

B) De *devant un complément en apposition.*

Nous avons déjà remarqué la ressemblance entre

l'acception de *de* étudiée plus haut et l'emploi de la même préposition devant un complément en apposition. Le moyen français employait *de* dans ce dernier sens après les mots *seigneur* et *dame* ; cette construction, qui était à peine usitée dans l'ancienne langue (1), se retrouve au xvie siècle dans des locutions comme « Monsieur du Pape, Monseigneur du Roy (2) ».

Sy respondit le roy que jà son annemy n'auroit la femme de son seigneur *de* père. *Chev., 155.*
je l'ouy racompter à mon seigneur *de* père. *id. 226.*
Sa dame *de* mère li acordoit tout. *Fr. I., 196.8.*

De s'employait également, comme dans l'ancienne langue, dans des désignations de rivières ; aujourd'hui on supprimerait ordinairement le mot *fleuve* ou *rivière*, aussi bien que la préposition :

le fleuve *de* Jourdain. *Joinv. 570.*
... passèrent le rivière *de* Oise à gué. *Fr. I, 171.19.*
le rivière *d*'Eschaut. *id. II, 27.14.*

1. Cf. Clairin, p. 272.
2. Cf. Hatzfeld et Darmesteter, *XVIe Siècle*, p. 274.

XV

RÉCIPROCITÉ

Certaines divergences d'usage entre l'ancienne langue et la langue moderne s'expliquent par une analyse des trois constructions : « avoir affaire *à* quelqu'un, avoir affaire *de* quelqu'un (Commines), avoir affaire *avec* quelqu'un ». Dans le premier cas l'action vient seulement de la part du sujet et s'adresse à la personne désignée dans le complément ; mais celle-ci ne joue qu'un rôle passif. Dans le deuxième cas, la préposition *de* indique le rapport opposé et l'action « qui est *à* faire » procède du complément. Enfin, le rapport exprimé par *avec* représente les deux termes, le sujet et le complément, comme « se mêlant, se pénétrant, agissant l'un sur l'autre » (Lafaye, p. 70), c'est-à-dire que cette troisième conception est la combinaison des deux conceptions précédentes. Comme on le voit dans les exemples cités plus bas, l'ancienne langue employait souvent les deux premières expressions dans le sens de la troisième.

A

On remarquera surtout la construction avec *à*
après les verbes *jouer, marchander, s'accorder, de-*
viser, faire paix, etc.,

    jouer à quelqu'un (1).

et il nous respondirent que... il s'en iroient et nous envoieroient
ceus qui joueroient *à* nous des espées. *Joinv.* 336.

il jouoit aus tables *à* mon signour Gautier d'Anemoes. *id.* 405.

il achetoit par esme les deniers à ceus *à* cui il avoit joué. *id.*
418.

les deux suers jouoient ensemble aux tables *à* deux chevaliers.
Chev. 30.

et quant Sarre vit Ysmaël le fils Agar l'Egipcienne jouer *à*
Ysaac son fils. *id. I, 83.*

le conte de Haynau, son [neveu,] qui jeuoit as eschés *au* conte
de Namur. *Fr. II, 33.27.*

adonc pria li roys *à* la damme que elle volsist jeuer *à* lui. *id.*
II, 340.

marchander à quelqu'un.

et tousjours faictes marchander *à* eulx avant ce qu'ils mettent la
main à la besoigne. *Mén. II, 54.*

mais je vouloie faire un autre marchié *à* li. *Joinv.* 499.

faire paix, etc., *à quelqu'un.*

et jura son seirement que il ne feroit ja mes trives *aus* Crestienz. *Sar. 21.*

la pais qu'il fist *au* roy d'Angleterre. *Joinv.* 65.

li roys et li cuens de Poitiers avoient fait mauvaise paiz *au*
conte de la Marche. *id.* 99.

ne n'avoit ne paiz ne treves *aus* Sarrazins. *id. 135.*

touz li royaumes estoit en bone paiz en li meismes et *à* touz ses
voisins. *id. 736.*

les couvenances que li soudans avoit eues *à* nous. *id. 357.*

apaiser quelqu'un à quelqu'un (2).

1. On trouve encore chez Mme de Sévigné : « je m'amuse *à* votre
fille (Haase, X*VII· siècle,* p. 336).

2. L'idée de direction est encore plus apparente dans l'ancienne

aucun d'aus s'entremistrent d'apaisier le conte Perron *au* dit
conte Tybaut. *id. 80.*

je ne retournoie pas à Dieu ne me rapaisoie *à* lui si comme je
deusse. *Mén. I, 43.*

faire alliance à quelqu'un.

amour... fist allyance *à* une belle fille. *C. N. N. I, 167.*

faire traictié à quelqu'un.

firent traictié *aux* Anglois. *Mons. IV, 176* (W).

s'accorder à, se réconcilier à quelqu'un (1).

et li roys s'acorda *à* aus. *Joinv. 553.*
tant que il fu acordez *au* conte de la Marche. *id. 98.*
(il) doubtoit que, s'il estoit prins des Almans, qu'ilz ne s'accor-
dassent *à* luy pour grant somme d'argent. *Com. I, 394.*
entendement... congnoist oraison esleuer l'homme à Dieu et *à*
iceluy le reconcilier. *Chart. (E.).*
je conseille que devant toutes choses vous faciez paix *à* Dieu
et vous réconciliez *à* lui. *Mén. I, 228.*

deviser à quelqu'un.

et devisiens li uns *à* l'autre. *Joinv. 31.*
et (elle) devisoit *à* luy de cent mille besoignes. *C. N. N. I,
125.*

disputer à quelqu'un.

nulz... ne doit desputer *à* aus. *Joinv. 53.*

rioter à quelqu'un.

aussi deffendez les de rioter l'une *à* l'autre ne *à* vos voisins.
Mén. II, 59.

avoir paroles à quelqu'un (2).

le Roy n'eut point grands parolles *au* dessusdit chancellier pour
ceste foiz. *Com. I, 328.*

---

construction, *s'apaiser vers quelqu'un, être accordé vers quelqu'un,*
cf. Reyelt, p. 20.
1. Vaugelas (II, 137) condamne cette expression.
2. On disait aussi dans l'ancienne langue, *parler vers, envers* une
personne. Cf. Reyelt, p. 6 et 24.

avoir connaissance à quelqu'un (1).

plusieurs des jeunes hommes de la ville mariés en icelle, desquels aucuns avoient *à* moy aucune congnoissance. *Mén. I[e] 153.*

ne je ne t'en creroy ja qu'il eust ousé entrer en ta chambre s'il n'eust grant acointance *à* toy. *Joyes (J.), 123.*

Remarque. — L'emploi de *devers* pour indiquer la personne avec laquelle on conclut un traité, etc., s'explique de la même façon :

si entrèrent en trettiés *deviers* le duch de Normendie. *Fr. II, 309.*

et par ces apparans doit on bien supposer que la chîté de Nantes et li dis messires Hervi furent en trettié *deviers* le duch de Normendie. *id. II, 319.*

et puis envoïièrent tretier *deviers* monseigneur Carlon de Blois. *id. II, 355.*

si tretiièrent *deviers* messire Lois d'Espagne. *id. II, 387.*

De

La préposition *de* s'employait surtout avec les expressions « être bien, être mal *de* quelqu'un ». Clairin (p. 290) considère cette tournure comme exceptionnelle et n'en cite qu'un seul exemple ; en réalité elle était fréquente dans la langue de cette époque.

e Fouke fust molt bien *de* le roy. *Foulq. 52.*

cilz qui estoit bien *dou* roy. *Fr. I, 13, 16.*

car qant il quideroit estre le mieuls *d'*euls, uns rumours et uns debas s'esmouveroit... *id. II, 257.*

Marie, la suer de Moyses, qui dist par envie qu'elle estoit aussi bien *de* Dieu comme Moyses son frère. *Chev. 142.*

quant il aperchut qu'il estoit mal *de* la royne. *J. le B. 9.*

des Flamens, qui adonc estoient mal *dou* roy de France et *dou* conte. *Fr. I, 129. 9.*

---

1. On peut également rapprocher le passage suivant : après qu'il eut trouvé façon d'avoir *vers* elle accointance, *C. N. N. I, 292* (Voir ci-dessus, p. 86).

je fu bien mal *de* Monseigneur mon père. *Joyes. 11 (J)*.
je cuyde qu'il soit mal *de* moy, à cause de la lucte. *Sa. 264*.

On remarquera aussi :

être familier de quelqu'un.

duquel auparavant ycelui seigneur de Chasteau-Vilain esté
moult familier. *Mons. V, 52 (W.)*.

avoir affaire de quelqu'un.

pour ce qu'il a affere *d'*eulx ou qu'ilz ont affaire *de* lui (sc. le
seigneur) amaine ung ou deux de ses amis avecques lui à sa
meson. *Joyes, 60 (J.)*.
j'ay un pou afaire *d'*elles. *Joyes, 80. (H)*.
ung grand prince *de* qui on a affaire. *Com. I, 184*.
veu l'affaire que le Roy avoit *du*dit Ludovic. *Id. 11, 148*.

Enfin, ce même changement du simple au com-
plexe nous donne la raison pour laquelle la langue
moderne a substitué *entre* à *de... de* dans des expressions comme celles qui suivent :

et furent les couvenances tiex *dou* roy et *d'*aus. *Joinv. 515*.
et pour la paiz *dou* pere et *dou* fil, il envoia de son conseil en
Bourgoingne. *Id. 680*.
pour traitier de la paix *de* li et *d'*aus. *Id. 678*.
grant descort y ot *d'*aus dous. *Id. 590*.
lors si encommençoit la tençons *de* moy |et *de* maistre Robert.
Id. 32.
le guerre le roy Robert d'Escoce et *dou* roy d'Engleterre. *Fr,
I, 103, 16*.
je vous diray d'un debat qui fut *d'*une baronnesse qui demouroit
en Guienne et *du* sire de Beaumanoir. *Chev. 46*.
la bataille *du* petit Saintré et *de* moy. *Sa. 8*.
pour paciffier et congnoistre du différant *de* l'evesque et *du*
peuple. *Com. I, 152*.
et fut faict l'appoinctement *du*dict conte de Dampmartin et *de*
luy. *Com. I, 255*.

O, od, et avec.

A côté de ces constructions on trouve également

o, *od* et *avec*. On comprend facilement comment l'idée de réciprocité procède de l'idée de proximité exprimée par le latin *apud*, d'où dérivent ces deux prépositions ; ainsi, lorsqu'une action telle que *se battre, faire paix, parler*, etc., a lieu auprès d'une personne, on finit par considérer, que cette personne participe à l'action. *O*, qui s'employait dans ce sens déjà dans la vieille langue (1), se retrouve encore dans nos auteurs :

et se combati *o* les Tartars. *Hay. III, 25.*

sur ce Argon entendoit à faire pais *ou* ses voisins. *Id. III, 36.*

car la dame… ne fera rien de XV jours, sinon parler *o* ses commeres. *Joyes (J), 82.*

et fist le dit duc de Berry aliance *o* monseigneur de Bourbon. *Mich. 69.*

Il est peu probable que *avec* renfermât cette double idée à l'origine, car Renzenbrink (p. 23) cite peu d'exemples de son emploi dans l'expression de ce rapport, tandis que le moyen français fournit encore des passages où il ne représente qu'une idée simple de lieu ou de direction prise au sens figuré :

mais, pour toute conclusion, me dist que *avecques* le Roy ne pouvoit trouver seurté ne fiance. *Com. II, 336.*

son mary est un bon homme qui a une très grant amitié *avecques* elles. *Joyes (J.) 58.*

elle scet bien que la grant amour qu'il a *avecques* elle lui fait avoir paour et doubte qu'elle tourne s'amour ailleurs. *Chev. 39.*

car dès cellui temps avoit si grant jalousie et si grant courroux *avecques* une sienne voisine. *Id. 204.*

Il faut en conclure que cette fonction de *avec* s'est développée dans le moyen français et dans la langue moderne par suite de son emploi avec des verbes

1. Raithel, p. 2.

qui impliquent en eux-mêmes une idée de réciprocité ; en voici quelques exemples :

celi... par lequel il avoient esperance de empetrer pais *aveu-
ques* le roy de Secile et estre reconciliez *avenques* l'Eglise. *Prim.*
73. G.

et se acordèrent li plus sainne partie, et meismement li grant
baron et li noble *avoech* les consaulz des bonnes villes. *Fr. I,*
38. 4.

quant ilz sont bien *avecques* Dieu. *Sa. 74.*

en devisant *avecques* les dames. *Id. 158.*

tel escuyer qui cuida estre marié *avecques* vous. *Joyes (J) 46.*

elles avoient faict traité *avec* les cordeliers. *C. N. N. I, 202.*

en l'aliance qu'ilz avoient *avecques* le Roy. *Com. II, 219.*

... jouant aux tables *avecques* monsr de Piennes. *id. II, 244.*

CONCLUSION

Résumons maintenant les principaux résultats de
ces recherches.

En premier lieu nous avons vu que les anciennes
prépositions *à, de, par, sur* etc... avaient des acceptions extrêmement larges dans le moyen français.
Ces locutions avaient tellement étendu leur sens primitif, d'après lequel elles marquaient des rapports
concrets, qu'elles servaient à exprimer les idées abstraites les plus variées, telles que l'instrument, la
cause, une restriction. Grâce à la facilité avec laquelle
cette évolution s'était opérée des prépositions dont
le sens primitif était très éloigné se présentaient en
grand nombre pour l'expression de chacune des idées
abstraites que nous avons étudiées.

Pourtant, si divergentes qu'elles soient, ces exten-
sions de sens se rattachent d'une manière parfaite-
ment logique à la première acception concrète de la
préposition. Rappelons les divers emplois de *à*. D'une
idée de situation dans un lieu : *qui estoient à Damiette*, on passe à une idée de situation auprès d'une
personne : *quant Saintré fut à elle, elle lui dist.. ;*
à une idée de concomitance : *qui y arriva à peu de
gens ;* à une idée de cause : *à tant de gens qu'il avoit*

l'argent luy failloit souvent. L'idée de situation dans un lieu irréel : *ilz furent à grant douleur*, devient une idée de manière : *ils vivront à honte.* L'objet auprès duquel une action se fait devient l'instrument : *labourer à une charrue.* L'idée de lieu s'étend à une idée d'appartenance : *le pont à Tressin.* (Fr. II, 58) et ainsi de suite.

De même, la préposition *parmi*, qui marquait à l'origine une idée de lieu au sens de *à travers*, exprime un rapport analogue dans le temps, c'est-à-dire la durée. En marquant l'idée d'intermédiaire elle désigne aussi le moyen, l'instrument ; en marquant l'intériorité elle prend aussi une valeur copulative.

Nous avons également remarqué que dans le moyen français la préposition ne servait souvent qu'à unir le terme complété et son complément sans donner aucune indication précise sur le caractère de leur relation, qu'il fallait chercher dans le sens de la phrase. Ainsi, lorsque Froissart dit : *si estoient jà issut contre lui*, on est embarrassé pour savoir s'il s'agit d'un acte d'hostilité ou d'amitié. La préposition n'avait donc qu'une importance secondaire. En effet, on l'exprimait ou on la supprimait avec la plus grande liberté dans de nombreuses locutions telles que : *près, près de, près à, près en ; hors, hors de ; dehors, dehors de.* Du reste, on marquait certains rapports, notamment l'appartenance, en juxtaposant simplement les deux termes.

Ce fut sans doute à cause du manque de précision

qui accompagnait l'emploi des anciennes prépositions
que l'on créa la série de nouvelles locutions: *pendant,
excepté, vu,* etc. Puisque celles-ci ne marquaient
qu'un seul rapport on voit dans ces innovations un
effort pour substituer à l'expression aux sens mul-
tiples une expression à sens spécial. Nous avons
d'ailleurs remarqué que cette tendance vers là spécialité se manifestait également dans l'élimination
de certaines prépositions et de certains emplois de la
vieille langue.

On ne peut mieux suivre ces modifications que
par l'étude des prépositions dans les *Mémoires* de
Commines, dont la langue offre un modèle du bon
français de la fin du xv⁰ siècle. Bien que Commines
ne soit pas latiniste il emploie librement les nouvelles
expressions créées aux xiv⁰ et xv⁰ siècles. Il se sert d'un
grand nombre de locutions prépositives pour remplacer les anciennes prépositions simples : *à cause
de* se substitue à *de* et *par* pour marquer la cause,
au moyen de à *par* pour indiquer le moyen, *au prix
de* à *envers* pour exprimer une comparaison. Sa
langue se rapproche aussi de celle de nos jours par
l'emploi presque général de *de* pour désigner l'appartenance et par l'emploi de *avec* pour exprimer
la manière.

D'autre part les tendances à restreindre et à éliminer ne s'étaient que peu développées à la fin du
xvᵉ siècle. On avait créé de nouvelles locutions mais
on avait peine à se débarrasser des anciens usages ;
ceux-ci se conservaient surtout dans les versions en

prose d'œuvres poétiques antérieures et dans les
écrits dialectaux. Le rôle du moyen français a donc
consisté surtout à enrichir les moyens d'expression ;
ce sera la tâche des deux siècles suivants de préciser
les emplois et d'éliminer les termes superflus.

INDEX DES PRÉPOSITIONS
ET DES PRINCIPALES EXPRESSIONS

dire de au sens de *parler de*, 205.
disputer à une personne, 217.
n'o employé pour *o*, 62.
donner construit avec *en*, 84, 105.
— avec *à*, 104.
suivi de *de* employé dans un sens instrumental, 132.
DU LONG DE, 65.
DURANT, 115.
durer au sens de *résister*, suivi de *à*, 89.
— suivi de *devant*, 97.
élire construit avec *à* et *en*, 104, 105.
EMPRÈS indique une proximité de lieu, 58.
— une comparaison, 191.
EMPRÈS DE, 59.

En
indique la situation :
— devant des noms de pays et de villes, 23.
— devant un substantif abstrait, 29.
— devant un infinitif, 29.
employé au sens de *sur*, 37, 70.
marque la direction au sens concret, 69.
marque la direction au sens abstrait, 82.
— la disposition *à l'égard d'une* personne, 79.
employé après *croire, se fier, espérer*, 85.
— après *penser, songer*, 85.
exprime un rapport adversatif, 96.
indique le but devant un infinitif, 102.
— devant un participe prés. 102.
— devant un substantif, 102.
marque le moment de l'action, 109.
— une destination de temps, 118.

désigne l'instrument, 129.
— la matière, 143.
— la manière, 150.
employé dans la locution : *parler en ami*, 152.
— devant un part. près, 153.
— devant un infinitif, 153.
marque la cause, 175.
employé avec une valeur restrictive, 194.
employé devant l'attribut, 105.
confusion de *en* et *à*, 21, 24, 33, 79. 110, 131, 161.
en après, 122.
en ça, 118.
ENCONTRE
indique la situation d'un objet en face d'un autre, 45.
marque une proximité de lieu, 50.
indique la direction au sens concret, 75.
— au sens abstrait, 86.
exprime un rapport adversatif, 92.
— la non-conformité, 164.
— une comparaison, 191.
ENCOSTE, 57.
ENDROIT
indique la situation d'un objet en face d'un autre, 46.
marque une proximité de lieu, 60.
— une proximité de temps, 123.
employé au sens de *à l'égard de, pour*, 87.
— dans un sens restrictif, 196.
EN ENSUIVANT, 160.
EN FACE DE, 47.
ENMI, 35.
ennemi (être) *à* une personne, 90.
ENSEMBLE employé comme préposition, 62.
ENTOUR marque le lieu, 48.
indique un nombre approximatif, 61.

Imp. JOUVE & Cie, 15, rue Racine, Paris. — 5059-21

LIBRAIRIE ANCIENNE, Ed. CHAMPION, 5, quai Malaquais

ARNAUD (F.) et MORIN (G.). Le langage de la vallée de Barcelonnette.
Préface de M. Paul MEYER. 1921 In-8 de iv-324 pages......... 18 fr.
   Solide étude, longtemps attendue et précédée d'une importante préface
de Paul Meyer. Supplément indispensable au *Trésor dou Felibrige* de
F. Mistral.

BÉDIER (J.), de l'Académie française, professeur au Collège de France.
Les Légendes Epiques. Recherches sur la formation des chansons de
geste. 2e édition revue et corrigée, 4 vol. petit in-8, chaque... 10 fr.
   Couronné par l'Institut. Grand prix Gobert 1911 et prix Jean Reynaud, 1914.

Chanson (La) d'Aspremont. Chanson de geste du xiie siècle. Texte du
manuscrit de Wollaton Hall, publié par Louis Brandin. T. Ier. Vers
1-6154, 1919, in-12 de viii-196 p.......................... 5 fr. 85
   T. II... 10 fr.

Cinquantenaire de l'Ecole pratique des Hautes-Etudes. Mélanges publiés
par les directeurs d'études de la section des sciences historiques et
philologiques. 1921, in-8, 164—360 p. et 2 phototypies hors texte. 60 fr.
   Partie orientale, articles de A. Barthélemy, J. Bloch, Ch. Clermont-Gan-
neau, M. Cohen, L. Finot, M. Lambert, W. Marçais, A. Moret, V. Scheil,
H. Sottas, R. Weill — *Deuxième partie*, articles de V. Bérard, E. Chatelain, E Faral, H. Gaidoz, J. Gilliéron, B. Haussoullier, L. Havet, A. Jeanroy,
P. Jouguet, A. Lefranc, I. Lévy, F. Lot, J. Marouzeau, A. Meillet, A. Moret,
P de Nolhac, P. Passy, M. Prinet, J. Psichari, R. Reuss, J. Zeiller.

Classiques français du Moyen Age. (Les). Collection de Textes français
et provençaux antérieurs à 1500, publiée sous la direction de Mario
Roques, directeur de l'Ecole pratique des Hautes-Etudes.. Vol. in-8.

Derniers parus :
   20 — Gautier d'Aupais. Poème courtois du xiii° siècle; viii-32 p., éd. par
Faral.. 1 fr. 95
   21. — Foulet. Petite syntaxe de la langue française; x-282 p.. 9 fr. 10
   22. — Le couronnement de Louis, chanson de geste du xiii° siècle, éd. par
Ernest Langlois. xvii-169 p .... 6 fr.
   23. — Chansons satiriques et bachiques du xiii° siècle, éd. par A. Jeanroy et A. Langfors. xiv-142 p............................ 7 fr. 50
   24. — Les Chansons de Conon de Béthune, éditées par Axel Wallenskold.
xxiii-89 p... 8 fr.
   25. — La Chanson d'Aspremont, éd. par Louis Brandin, t. II...... 10 fr.
Dix volumes environ sont sous presse, notamment : Maistre Pierre Pathelin,
éd. par R. T. Holbrock — Le poème de Sancta Fides, éd. par Antoine Thomas.—
Alain Chartier Le Quadrilogue invectif. — Renaut, Galerant. — Renaut de
Beaulieu, Le Bel inconnu. — Cercamon Poésies. — Gerbert de Montreuil.
La continuation de Perceval. — Aucassin et Nicolette. — Piramus et
Tisbé : — Foulet. Petite syntaxe du français moyen. — Charles d'Orléans.
Poésies, édit. Pierre Champion.

Collection linguistique, publiée par la Société de linguistique de Paris. In-8.
   — I. A. Meillet. Les dialectes indo-européens. 1907. *En réimpression.*
   — II. Mélanges linguistiques offerts à M. F. de Saussure. 1908. 15 fr. 75
   — III. A. Ernout. Les éléments dialectaux du vocabul. latin. 1909. 11 fr. 25
   — IV. Marcel Cohen. Le parler arabe des Juifs d'Alger. 1912.. 37 fr. 50
   — V. M. Grammont. Le vers français, ses moyens d'expression, son har-
monie. 2e édit. aug. 1913................................ *Epuisé*
   — VI. K. Drzewiecki. Le genre personnel dans la déclinaison polonaise.
1918... 12 fr.
   — VII Setala. La lutte des langues en Finlande 1920.......... 4 fr.
   — VIII. A. Meillet. Linguistique générale et linguistique historique.
1921... 40 fr.
   — IX. Maurice Cahen. Etudes sur le vocabulaire religieux du vieux
scandinave La libation. 1921............................. 80 fr.
   — X. — Le mot « dieu » en vieux scandinave. 1921........... 12 fr.
   — XI. Jules Gilliéron. Pathologie et thérapeutique verbales. IV.
1921... 25 fr.

LIBRAIRIE ANCIENNE, Ed. CHAMPION, 5, quai Malaquais.

GUILLEMIN (A.). La Préposition « de » dans la littérature latine et en particulier dans la poésie latine de Lucrèce à Ausone. In-8 raisin de viii-134 pages.. 20 fr.

HUMPERS (Alf.). Etude sur la langue de Jean Lemaire de Belges. In-8 de 240 pages... 20 fr.

LANGFORS (Arthur). Les incipit des poèmes français antérieurs au XVIᵉ siècle. Répertoire bibliographique établi à l'aide de notes de Paul MEYER. In-8, vi-444 p.................................... 28 fr. 10
> Prix BORDIN à l'Académie des Inscriptions.
> Contient près de 3.000 débuts de poèmes rangés par ordre alphabétique des premiers mots, le titre du poème, puis une liste de tous les manuscrits connus.

LANGLOIS (E.). Table des noms propres de toute nature compris dans les chansons de geste imprimés. Fort vol. gr. in-8......... 37 fr. 50

LOT (Ferdinand). Etude sur le Lancelot en prose. 1918, in-8 de 425 p., 3 phototypies hors texte... 35 fr.
> DEUX FOIS Grand prix GOBERT à l'Académie des Inscriptions.

LOT-BORODINE (Myrrha). Trois essais sur le roman de Lancelot du Lac et la quête du Saint-Graal. 1921, in-8, 120 p. et pl. .... 7 fr.

LOTH (J.), professeur au Collège de France. Remarques et additions à la grammaire galloise historique et comparée de John Morris Jones, 1919, in-8.. 10 fr.

NICHOLSON (G). Recherches étymologiques romanes. 1921, in-8 30 fr.

PARIS (Gaston). Mélanges linguistiques. 1906-1909, 730 p. . 37 fr. 50
— Mélanges de littérature française du Moyen Age. In-8, 710 p. 37 fr. 50

PAUPHILET (A.). Etude sur la queste de Saint-Graal.   20 fr.

SANTESSON. La particule « cum » comme préposition dans les langues romanes. 1921, in-8, 320 p................................... 20 fr.

SODERHJELM (W.), prof. à l'Université de Helsingfors. La Nouvelle française au XVᵉ siècle. In-8................................ 7 fr. 50

SOMMERFELD (A.) Le breton parlé à Saint-Pol-de-Léon. Phonétique et morphologie. 1921, in-8, 246 p................................ 15 fr.

TANQUEREY (F.-T.). L'évolution du verbe en anglo-français (xiiᵉ-xivᵉ siècles). 1915, in-8 de xxiv-868 p............................. 39 fr.
— Recueil de lettres anglo-françaises. 1917, in-8 de xxiii-868 p. 11 fr. 70
> Prix H. CHAVÉE à l'Académie des Inscriptions et Belles-Lettres.
— Plaintes de la Vierge en anglo-français (xiiiᵉ et xivᵉ siècles). 1921, In-8º.   »

LE MOYEN AGE, directeurs : MARIGNAN. PROU, membre de l'Institut, directeur de l'Ecole des Chartes. VIDIER. WILMOTTE, 2ᵉ série, t. XXIII (t. XXXII de la collection). 1921. Abonn. annuel......... 20 fr. — U. P. 22 fr.

REVUE CELTIQUE, dirigée par J. LOTH, membre de l'Institut, avec le concours de G. DOTTIN, E. ERNAULT et J. VENDRYES. T. XXXIX, 1922. Abonn. annuel................................. 25 fr. — U. P. 27 fr.

REVUE DE PHILOLOGIE FRANÇAISE, dirigée par L. CLÉDAT et J. GILLIÉRON. T. XXXIII, 1921. Abonnement annuel. ... 25 fr. — U. P. 27 fr.

REVUE DES BIBLIOTHÈQUES, dirigée par Emile CHATELAIN, membre de l'Institut et L. DOREZ ; Secrétaire : BARRAU-DIHIGO, 30ᵉ année, 1920 21. Abonnement annuel................... 20 fr. — U. P. 22 fr.

REVUE DU XVIᵉ SIÈCLE, dirigée par Abel LEFRANC, prof. au Collège de France. T. VIII (18ᵉ de la collection). 1921. Abonn. annuel.... 15 fr.

ROMANIA, fondée par P. MEYER et G. PARIS, publiée par Mario ROQUES. T. XLVI, 1921. Abonn. annuel .... 35 fr. — U. P. 37 fr.